U0031207

當你仍在這裡

何韻詩

目次

序

看見世界

聽見自己

1 關於勇氣

2
照顧自己

3 減輕重量

4 如何起步

跋

序一：一位勇者的生活指南——林夕

何韻詩在台灣被潑漆那天那一刻，其實我也是站在人群中的一顆微塵。

根據阿詩現在勤於修讀的《金剛經》所開示，（心得見188頁）我們這些在三千大千世界中切割到小無可小的「善男子善女人」，眾多微塵為了因緣和合而聚，謂之微塵眾。這因緣就是在這五濁惡世中，眾微塵站起來，為支持公義，對抗邪惡而聚合。

我這弱弱的微塵體質一向虛弱，那天暴雨幾乎沒停下來過，穿著全身雨衣依然濕透的我，從濟南路出發邊走邊懷疑自己體力是否能走完全程，然後再擠在人群中參與完集會。

我也是遊行集會常客，有一回在青島南路暴曬了三個小時，旁邊的學生就問我要不要請醫護，把我送醫院，結果回家後就中暑了，嘔吐了一整晚。自此有自知之明，擁有堅強意志，還是要做一個身體強壯的人。（我的收穫見第二章「照顧自己」）

回到那天，奇蹟發生了，我能夠冒雨六個小時之後依然無恙。回想起來，就是想著回到集會現場，跟阿詩在台北相認一下，才能撐得下去。後來見不著，想發個訊息給阿詩，雖然相信他不必什麼安慰問候，可又想他忙著，翌日又要為這場運動飄洋過海奔波勞碌，還是別打擾了。

如此客氣，可見，我們其實沒那麼熟啦。記憶所及，我們在雨傘運動期間，總共只在金鐘現場見過兩次面，為了寫他《是有種人》的歌詞，通過一次電話，但這跟讀者有什麼關係？有，我想說，微塵與微塵之間，只要是同路人，擁有相同的信念，都是熟悉的陌生人。我們真人交集雖然不多，但又好像相識已久，因為在雨傘運動後，他就成為我心目中真正勇者的榜樣——慈悲與智慧雙修。

被中共封殺，寒蟬效應之下，在香港的演出，連贊助商都嚇走了，但阿詩像暴風雨般，沒有停下來，自己的城市自己救，自己的演出自己來，不求大金主贊助，有種的香港人就是最大最堅實的贊助商，而且同時拓展其他相關業務。不選擇下跪的人不是沒有，可沒幾個能如此靈活能幹，最值得學習的是：冷靜。

時代與因緣讓阿詩從一個有想法的歌手，蛻變成站在抗爭前線的勇者，這轉身，華麗而動人，打動很多人的想法：被打壓封殺，別怕，那是角色轉換的契機，別放棄，活著就是要不斷進化、改良。阿詩還是活得好好的，更為生命帶來更多體驗，比從前更了解自己是個怎樣的人。說句正能量的話：這逆境，機會難逢喔。

如果我說何韻詩是真香港兒女，我猜他不會同意，（見128頁「放下ego，放下自己」）因為榮光的確歸於全體香港抗爭示威者，一個也不能少；而且會有人說他搶鏡頭啦、刷存在感啦。還有更難聽的我也聽過，在這裡也值得公開。

那人說：「他不過就是想從政，失去了大陸市場，歌手之路斷了，就預備參選之路。」我幹的一聲，這什麼幹話，於是回嗆說：「存在感？這種存在，你刷刷看，這種代價是很多人捨不得付出的。嗯，沒有了中國市場，就不能唱歌了？繼續當歌手就餓死了？當歌手的初心就是要賺十三億人的錢了？然後，即便真的從政，就是要參選香港立法會議員，又如何？藝人就不能有政治立場，不適合從政，這有多迂腐。請放眼世界，不必說西方國家，看看台灣，你說過閃靈的林昶佐本來可以靠演出賺很多，何必當什麼立委呢。唉，歌手只能只為賺錢，沒有個人想法，沒有靈魂信仰，尤其是閃靈，還值得聽多久呢？」

自雨傘到如今逆權抗暴運動，論表行動與述能力，阿詩大有條件從政，有沒有這意願，就看他人生規劃了。我就學台灣政治人物的口頭禪：「樂觀其成，無論怎樣，都尊重啦。」事實上，無須什麼名義，他已經在參政了。

阿詩當然是勇者，香港人都很勇敢，但周遊列國演講，在外國政要雲集的場合，報告香港的實況、宣揚香港的理念，就不只道德的勇氣，還有克服這沉重心理包袱的勇氣。最初看他幾次的演講表現，要按千千萬萬個讚，同時也想像，從準備講稿到臨場發揮，好不容易啊。哈哈，原來他也有怯怯的慌忙時候，看完他自述，演講的初稿也是在遊行途中坐在橋底下草擬的（見頁40開始），這更會讓我們體會到，勇氣是經過一點一滴累積起來，而不是僅僅憑盲目衝動，逞一時之勇。信心是從不斷懷疑自己，才建立起堅實的自信。

說了那麼多抗爭示威遊行打壓封殺，這本書其實不只是阿詩抗爭心路歷程，第一章《看見世界》固然是身為「同路人」以至「同病相助」者看得津津有味的實錄，對我最有助力的，卻是之後三章的「起義生活指南」。

我今年的生日願望，就是在最壞的時代，要做一個最好的人。在台灣撐香港的音樂會以及專欄中，也說過要做一個強壯的人。

好人與強壯的人，說來簡單實行難，特別是這段期間，有血性的「好人」難得睡一個好覺，都捨不得不看慘烈的抗爭直播，想吃一頓好的，都擔心著又有沒有什麼「凍未條的大代誌」。

阿詩坦白無私記下了「做一個有血性的好人，如何免於吐血而亡」的體會。要強壯，不只是個空泛的概念，如何照顧自己？該章節細緻到自述在飲食習慣上要起義，吃得健康的「食譜」，這也是我近來開始想做運動，才能繼續參予運動的動力。當我看到起床後為什麼要鋪床，以及拖延症兩篇文章，禁不住科科科，想跟所有人共勉之。

親愛的台灣朋友，雖然說台灣與香港是真正的命運共同體，雖然說不是每個人都要在抗爭中過活，但是，當你仍在這裡，要做一個有血有肉的人，生活就是不斷的起義，改良自己就是不斷的抗爭，生命就是不斷對活在舒適圈的革命。

何韻詩跟我們分享的，可以說是實用性的「生活起義指南」，特別是在每個人面對社會這巨大機器時的無力感，沒有什麼可以做的時候。

序二：星如水・何韻詩——鄧小樺

6月12日，香港反送中運動第一次大型衝突爆發，當日大量示威者通宵在政府總部附近留守，行動由早晨開始，有和平示威者、有戴口罩和頭盔的行動者（暱稱勇武派或衝衝子）。警方發射大量催淚彈（包括在批准了的示威區）、包括橡膠子彈，是為香港近年示威遭遇的最大型暴力鎮壓（當然我們並不知道更可怕的陸續有來）。在種種驚人或動人的碎片之間，人們赫然發現，歌手何韻詩的身影，她一個人，沒有任何防具，開著手機直播，在警方的一條陣線之前，沒人敢動她。那天也是何韻詩人生第一次的催淚彈洗禮。

有非常具體的恐怖，包括催淚彈（過期的更可怕）、橡膠子彈、布袋彈、胡椒噴霧及傳說中的水炮車等等；更有諸種白色恐怖、說你的樣子被拍下後就會遭秋後算賬被告暴動等等。所以示威者大量蒙面，互不通姓名。因此何韻詩更顯得不可思議——前線衝衝子聽到我要去會合何韻詩，唯一的評論就是「為何她可以永遠什麼防具都不戴?!」有一次我和何韻詩一起撤離殿後，遭受了催淚彈，她果然沒戴眼罩，並不斷幫路邊嗆咳痛苦的示威者洗眼，淡淡向我說：「其實能自然習慣較好。」像是平日健康生活的一個小指示。

晴天娃娃與「追星」

我們本都是獨來獨往的；但後來，我和何韻詩有時會結伴同行。這個過程是慢慢發生的：運動開始在香港各區遍地開花，每個週末都有行動，後來高峰七日裡四日有行動。我記得第一次是在沙田，入夜後進入撤退階段，四周紛亂，何韻詩打電話給我，問我位置，她正在想方設法突破各種封路，來到示威現場。終於十點後她泊好車再以火車到達沙田，恰好見證了警察衝進新城市廣場、在火車站口被各個擊破，亂象一觸即發。何韻詩就在車站口，指點人們離去，為慌亂的氛圍增加冷靜——在場的區議員說，她來了後，不單示威者鎮定了，連警察都變得較冷靜。似乎何韻詩介乎於議員和社工之間，實際上效能更像觀音聖母之類的聖像（笑）。

這就是我們所稱晴天娃娃詠唱團的組合。時常散發著冷靜與詼諧的氣質，沒有固定行程有時可稱沉悶，只希望盡力確保最後沒有太過可怕的事發生。有時，冷靜不一定阻止勇武的行動，單單是不慌亂，就已經指向了希望與光明。7月21日後，有黑社會警告過不准入元朗，這種恐嚇我們是不會接受的，於是何韻詩決定舉行「有緣千里能相會見到就見流動簽名會」，為五花八門的入元朗理由增加一項「追星」（我的理由則是「元朗區文學地景考察」）。當日我和她一起入元朗，又是泊車後坐公共交通工具，西鐵擠滿了人，而人們一見到何韻詩那種心花怒放普世歡騰的景象，實在奇妙之極。戴著防具的少男少女們歡叫著「我們是來追星的！」何韻詩簽名在他們的頭盔與手機上。沿路一派嘉年華氣氛，渾然不似是要去衝突的。結果那天下午四點就開始放催淚彈，我們在南邊圍外見識了布袋彈以及勇武的鋭氣。遇催淚彈時何韻詩幫我戴「豬嘴」，後來見我完全被激發的樣子，就笑我「衝衝子！」

但我想説的還是那些青年們，他們看到何韻詩這樣開心而天真，讓人心軟——他們在整個爭取自由與政治權利的路上，能有「追星」這麼單純而容易達到的目標搏他們一粲，運動中幽默戲耍一下脱離壓力，不是很好麼。整個元朗的恐怖氣氛，就因為這「明星」而被沖散不少。想想，若我們在黑夜的荒原尋方向，不就是靠頭上的北斗星麼？明星，原是包括指示方向的意思。

從雨傘運動，到 Be water

認識何韻詩是在2014年的雨傘運動。當時她與明哥黃耀明一同，以明星藝人的身份參與「文化暴力監察組」，在台上發言、獻唱、在街上露宿，某些時候在台上穩定軍心，也進行一系列監察並投訴警方暴力的行動。這些，背後都有不少的代價，可以想像。至12月街頭佔領結束，何韻詩有加入留守接受拘捕的行列，我們通宵等她從警署出來，在油麻地的潮州飯店洗塵。她十分堅定無畏。是什麼讓她和我成為朋友？大概是我看來比較大膽和直接，傾向行動，以及，喜歡看書。其後，我們有進行過不少關於政治、革新的學習，我成為她的書的編輯，有時加入她的演唱會及基金會的一些推廣策劃。何韻詩走的路並不平坦，但她一直迎難而上，像海綿一樣吸收新的事物，並且保持正念。

2014年正好是何韻詩脫離傳統娛樂工業，思考成為獨立歌手，一個人生的轉折時刻。她把自我獨立聲音的尋找過程，與香港尋求政治自主的運動連結起來。她也把在娛樂工業中生存所鍛煉出來的判斷力，運用在關於時勢的判斷上，水平一直很高。至2019年，反送中逆權運動的形態，與五年前已經很不一樣，運動沒有大台，不需要明星，拒絕被代言，人人蒙面。雖然何韻詩始終不蒙面，但她已迅速融入新的運動形態。比如，示威現場出現傳送物資的長長人鍊，我見過何韻詩毫不猶豫地加入成為一份子，像一滴水回歸大海，連「放下身段」這種形容都是不必，只是隨勢與心而動，自然自由。此次運動裡有一句成為示威者切口的李小龍名言：「Be water, my friend」，何韻詩以她自己的方式，全面示範。

勇氣來自生活的修為

何韻詩以前因為與達賴喇嘛見過面，而遭受過環球時報攻擊；又有代言商品遭壓力而除名的事件；今次運動，她將自己定位在國際發聲，在運動前她已在奧斯陸人權會議上發言，陳述香港一國兩制的敗壞，香港人應有的政治權利被打壓之事；至七月初，她在聯合國人權理事會上發言，說明逃犯條例修訂如何影響香港的法治與獨特地位，發言兩度受中方代表打斷，後來何韻詩提出將中國於聯合國人權理事會上除名，更被中國外交部發言人點名批評，平日五毛招待的數量與級數大升。這當然是莫大政治壓力，連香港比較有經驗的朋友都擔心她的安危了。但何韻詩是真的，渾若無事。她有一種晶瑩清澈的勇氣。那不是任何骯髒的紅油可以污染的。

勇氣是什麼呢？在何韻詩那裡，它是一種不受威嚇的堅執，後面包含了對於形勢的客觀分析，萬全的準備（雖然平時不用，但她對防具運用十分在行，向我示範時有點像空姐），還有舉重若輕能夠笑出來的灑脫。當恐怖的迷霧襲來，可以清清楚楚逐樣接應。何韻詩是金牛座的，善於按步就班，步驟總是清清楚楚。

如今她出的書《當你仍在這裡》，本來是一本類似於「讓你精神堅強的十二個小撇步」，或接近松浦彌太郎式的生活指南書籍。書分兩部分，一是「看見世界」，紀錄她在各人權論壇的發言與所見，及在反送中運動中的體會，還有一篇寓言寫作——我特別建議加入一篇給盧凱彤的信，向天上的她講述香港的狀況，讀者看後感動非常。另一部分是「聽見自己」，內含的就是一些生活細節的修為，例如每天起床喝一杯暖水、每天自己收拾床鋪、每天唸金剛經等。政治與生活，本來好像是輕重兩極的不同範疇，原也有擔心兩者放在一起會不協調；但結果，在這個動盪的時勢，就是非常必要而雙生的兩面。何韻詩，常以非常自然的方式，打破許多我們本來認知中的藩籬。

看見世界

這是最值得我們驕傲的一刻

這是香港抗爭史上最值得我們驕傲的一刻。

而無論往後的日子將會怎麼樣，我們都必須要記得這一刻。

世界都在疑惑。到底這一個沒有帶領者、發動人、繼承者的一場運動，是怎麼誕生以及發酵成今天這個樣子的？

兩百萬零一人，在這個帶着隱約微風的星期天，把所有香港島的主要街道都佔滿了。街上一個警察都看不見，卻沒有一絲混亂，完全是香港式的井井有條，腳步被滿街的人拖得非常緩慢，甚至站在原位一小時都不能動，但沒有人有任何抱怨或者想離開。

我們拉著的白色巨型橫額，寫著四個黑色大字，「痛心疾首」。後面一群爸爸媽媽帶著小孩們，負責拉的黑色橫額寫著「撤回惡法」。那些小孩，乖得令人流淚，在炎熱天氣中毫無怨言。有位爸爸問他要不要騎在肩膀上，小男孩滿頭大汗，輕輕搖搖頭，繼續用自己的腿堅持走下去。有些小孩來回穿梭於橫額的底下，那股稚氣讓人動容。

當年的我們跑在公園、草地上，現在是誰要這些小孩走在示威的人群中？在這些小小的腦袋中，這場遊戲，又會不會成為他們往後的日常？年紀輕輕便接受這種訓練，日後我們的年輕人可真的不得了。

本來是走在最前面的橫額隊伍，因為太多人加入，所以被擠到後面的位置。隊伍要求其他市民讓我們通過，他們顯示出最優秀的質素，每一個經過的人都為隊伍鼓掌、互相鼓勵。

和平而有序，卻也士氣高昂；本來是團體或政黨帶領叫的口號，現在香港人、大眾市民都自己學起來了：「香港人加油」、「撤回」、「下台」等等訴求，不斷在人群中此起彼落。

最令人感動的，是那份團結的心。救護車要經過，人群像紅海般迅速分開；看到別人沒有足夠的裝備，人們會互相提醒，甚至提供自己有的物資。果然人們都要在最差的時候才能顯示出最光輝的人性。這是定律吧，似乎有點無奈，但好像也有點鼓舞，這是我們來到世上需要學習的事情。

被強權壓迫，我們都在繁忙生活中抽身出來，一切個人追求先放開，回到一個很重要的集體中。這個集體，缺一不可：有最年輕最幼小的，以至走路有困難的長者。當中有被時代鍛煉得強悍無比的年輕人，也有像我們這種享受過時代所賦予的，現在被亂世喚醒過來的成年人。

集體之所以重要，而集體中的個體之所以也那麼重要，正是因為我便是你，你亦是我，但我取代不了你，你也替換不了我。

我們的香港這麼獨特、蓬勃、自由、多變、創新，正是因為有這些不介懷埋沒自我，但同時亦不甘願變成沒有面孔的一群人。

站在人海，我感到非常愉快，甚至可以說有一點安慰。在這些困難的日子中，我一直強調我們要重整過來，必須從生活中鍛煉成一種剛強中帶有柔韌的能耐。今天，我們做到了。

當你能把自己的內在煉成一座不容易動搖的大樹，擁有沉實的樹幹，能不斷伸展出去的根，你將擁有能抵擋風雨、隨風飄動、四通八達的肢體。

日子絕對不會容易，現在已發動的抗爭在未來只會越見嚴峻，香港人必須拿出的智慧和腦筋絕對不少於此刻。我們要不斷進化、改良，比對面那副巨大無比的機器，跑得更快更遠。

也因此，我們必須將自己的內在慢慢鍛煉起來。

從照顧自己的心靈開始，去到照顧自己的起居飲食，到你的環境，你的朋友，你的視野，各方面的細節，缺一不可。

你的內在是怎樣，你的靈活性便能怎樣，然後你的生活和地方也就能怎樣。

17/06/2019 03:59am

香港創意抗爭——奧斯陸自由論壇演講稿

當各國都正在為「中國夢」捲出他們的紅地毯，2014年的雨傘運動可說是香港人對中國最強悍的對抗。在這個大多數人一向都政治冷感的城市，這些學生因何要如此勇敢地站起來，面對這個人人畏懼的國家機器？

當天走在夏慤道上，我看到滿街澎拜的想法及創意，那是我從未在這城市見過的表達模式——塗鴉、雕塑、藝術裝置、小型農場、我們自己的連儂牆，甚至有一個佔領者自己搭建的臨時自修室。

當然還有長28米的「我要真普選」橫幅，在那個我們畢生難忘的下午，傲氣地懸掛在標誌著香港精神的獅子山頂上。

作為香港出生的唱作人、在滿地可度過少年時期，移居家庭的女兒，以及大中華地區第一個公開出櫃的女歌手，我一直覺得自己與這城市格格不入。作為藝人，我們常被命令要「保持中立」、遠離政治。雖然我一路上獲得許多人擁戴，拿到肯定我努力的獎項，但我仍然覺得，好像還是缺了些什麼。

只有到那一刻，當我站在雨傘運動那堆滿是願景和勇氣的群眾中，我才終於明白到，我對這個我一直稱呼為「家」的地方，那獨特的歸屬感。

＊＊＊

香港這個地方，一直都是錢字掛帥，甚少人會關注政治、人權。大概因為我們過往根本沒有討論的需要。

一個被英國統治的殖民地，在一百年間，讓香港這個小島，成為了亞洲的金融中心；在一個並沒有這種理解與習性的國土中，建立了言論自由及人權的基石。我們匯集東西方文化於一身。

在1984年，政府簽訂中英聯合聲明，宣告香港回歸中國，同時推出了一國兩制的管治模式，保證香港可享有50年不變的自治權與自由。

但現實從來並非如此。自回歸以來，香港政府，以及背後的北京政府，逐步侵蝕我們屹立百年的民主制度——傳媒自由大幅收窄，社運人士因為和平集會而被起訴，法律被不公不義地扭曲，為了變成中國政府想要的模樣。數十年來，基本法承諾了香港人的真普選，被中共政府盡一切能事阻止。

***

但在最絕望之時，抗爭將隨之出現。

當我們熟悉的香港開始從我們手中溜走，一股年輕的力量，帶著無比創意席捲全城。千千萬萬個我們走到街上：母親、父親、學者和藝術家們，以至一整代年輕人全都湧上街頭，在這些不公義的對立面站起來。

對獨裁政權來說，反抗、示威都是威脅。

2014年9月28日，我畢生難忘的一天，香港政府向和平示威的群眾射出87顆催淚彈。機靈又懂變通的香港人，隨手拿起雨傘自衛和阻隔化學物。因為這一舉動，我們的運動成為全球關注的現象。「雨傘」運動，燃點起了香港有史以來，第一次這麼大規模的社會運動，種下了創意運動的第一顆、也是最重要的種子。

自被別人管治以來，我們第一次為自己翻開新的一頁。我們為自己的身份作出定義：

我們不是中國人、也不是英國人。我們是香港人。

＊＊＊

經過79天的佔領，雨傘運動終於完結。140名示威者在最後一天因為這場公民抗命被捕，包括我在內。

坊間的自我審查逐漸變成主流取態；品牌、商家對政治壓迫的恐懼迅速蔓延。人們被無情的政府以冷血粗暴的方式恐嚇威迫。那些站在前線、敢言的人被起訴以至判刑，例如年輕的學生領袖：黃之鋒、周永康、羅冠聰、梁天琦，還有雨傘九子。十幾個較少人知道的抗爭者，更被判多達8年刑期。

在這黑暗的時代，年輕人感到憤怒、無力，許多家庭又再一次離鄉別井，慌亂地嘗試尋找一個更好的「家」。

作為公眾人物、創作人，以及曾移民又回流的人，我現在會問自己的問題是：我作為名人，到底可以做什麼？如何去説服這群被粗暴地搖醒、被「時代選中」的這一代年輕人，我們所選擇的行動依然抱有希望？

＊＊＊

我在參加了雨傘運動以後，當然就被列入黑名單了，從此被禁止以任何形式出現於中國。我的所有歌曲及社交媒體帳號皆被刪除。所有商業活動都停止了。品牌、甚至其他藝人朋友，都因為害怕被扯上關係而疏遠我。

但巧妙地，正是因為失去了中國市場，因為我失去了這種「輕而易舉」的賺錢渠道，我開始檢視我周遭的現實，因而變得更腳踏實地。當我被迫離花花世界，我同時發現了自己原來能成就更多的事。

我被命運帶到一個全新的世界。

2016年的紅磡演唱會，贊助商因為我的政治取態而避開我。我取而代之發起了一個叫「集體獨家贊助」的眾籌計劃，為我的演唱會聚集了300家本地中小型企業的支持，集資了超過三百萬的贊助費，四場五萬張的門票也在幾小時內賣清。

然後，我和我團隊，逐步建構自己的營運模式。我成立了自己的唱片公司，簽下了嶄露頭角的年輕歌手，嘗試為本地樂壇打開主流以外的另一扇窗。我們在香港各區作巡迴演出，小型流動演唱會在電車、社區中心、路邊、地下演出空間，甚至至本地小店上演。去年，我們自資籌辦了一個為期六天的音樂節，集合了超過100間本地商鋪及音樂單位，在社區中用文化藝術團結力量。

透過在社區製造創新的藝術、音樂及活動，透過違反常規和創立自己的遊戲規則，我希望向年輕一代傳遞的訊息是：

「創造自己的可能性，即使世界與你為敵。」

***

真相是，暴政最害怕的，永遠就是人民。

歷史中，他們一次又一次見識到和平有序的運動的力量。這絕對威脅到他們了，否則又為何要用如此多的工具和方法來打壓人民、孤立人們？

恐懼，總是在我們感到孤單和脆弱、被批判和隔離的空間蠶蝕意志。重點是，別因為大環境的黑暗而感到洩氣。我們要學會的，是如何從我們的環境中，找出價值觀相近的人，並認清我們身處的空間所存在的可能性。

當我們每一個人，都能專注於我們的日常生活、技術與熱情，我們作為一個整體，便能慢慢重燃我們的勇氣。不論你是學生、科學家、家庭主婦或是看護員，我們都可以。

把你最擅長的事做到極致，活出你期望的未來。當制度不施予我們，我們就必須靠自己的雙手建立起來。

命運由我們塑造。哪天我們與自己重新接上之時，我們便能與其他人重新連接上。而在那刻，我們將能，以一個相信人性的集體身份，找回那份終能助我們找到答案的柔韌與靈活。

Oslo Freedom Forum
27/05/2019
（吳穎芝譯）

「Oslo Freedom Forum」第一天

第一次來到這麼大型的國際人權會議，經過個多月的寫稿、改稿、練稿、記稿、淆底、失眠後，終於來到上台演講的一刻。

歌唱得不少，上台用英文講這麼長的稿，還要背負著為香港發聲這麼大的責任，還真緊張。還好最後「無穿無爛」，順利渡過。

演講後當天的晚宴，許多外國朋友主動上前自我介紹和恭賀，談及關於我的演講。他們都是一些在不同國家為人權努力的人士。和這些偉大的人們站立於同一個空間，還真的覺得有點虛幻。從一個歌手身份，到今天竟然能成為他們的一份子，大概是二十年前的我怎麼也想像不到的。

這些新朋友，有些是第一次看到傘運的圖片，也有一些曾經長駐香港或台灣等地區，都對香港傘後的情況關心和好奇。

最意想不到的是，雖然絕大部分觀眾都聽不懂廣東話，但我在演講後隨即演唱的廣東歌〈極夜後〉，竟然是讓他們最記得的一環。當然也全靠我身後，香港年輕攝影師 Franco So time-lapse 鏡頭下的香港景色。

〈極夜後〉寫於去年，2018年，那大概是香港人感到最無力的一年。

抗爭者一個接一個被政府打壓、坐牢的坐牢；香港年輕人在傘後進入了史無前例的低潮，失望和憤怒最終加起來就是無感。在這種氣氛下，無論你說什麼、唱什麼，都是於事無補的，只能讓人們自己經歷，期望他們能走出黑暗。

但生活還要走下去，我在那時，也盡力從我創作的深谷爬出來，儘管那是如此的困難。

這首歌最初推出時，在群眾中沒有得到太大的迴響，也許是歌詞中描述的，是對未來的一個願景，時間上走得有點太前了，就如我許多其他歌一樣，哈哈。沒想到，竟然是在一年後，在這個與香港相隔十幾小時的舞台上，才能產生它最大的化學作用。

聽不懂的歌詞，但如擁有人們聽得懂的脈搏，便能穿透人心。

這次體驗，也讓我對於音樂這語言，重新有了一個領悟。

這個第一天，認識了許多世界各地的人權工作者，包括關注中國政府在新疆地區現正進行的大規模思想改造營，新疆人士 Nury Turkel。他在我之前，是整個 Forum 的第一位 presenter。家鄉被大陸政府大肆破壞，清真寺一個一個被剷平、男人都被禁止留鬍子，並抓到這些現代改造營「學習」去，其實根本就是另一種監獄。一個要毀滅一切外族的政權，正在不同角落將別人豐富的民族夷平。

另外還有各國 LGBT 團體的代表，從非洲到保加利亞到俄羅斯帶來的故事。有些因為這些個人選擇，而要被監禁、辱罵甚至施以酷刑。雖然大家面對的政權和問題不一，但其實我們的敵人都是同一個：極權。

這天的整個經歷，和我想像的有所不同，在當中也感受到體內腦海中的一些重要改變。在香港太忙空間太狹窄，多少會太沉迷專注於自己的日常，甚至常常會覺得很忙很疲倦，對很多問題覺得無解、無希望。就像這次，有機會離開 routine，認識世界各地的戰士，聆聽和理解其他人正在面對的問題，同時也是在把自己從井底拉出來，讓自己的空間找回應有的、更遼闊的視野。

有種預感，這幾天，將會是令自己重新定焦的重要契機。

31/05/2019

「Oslo Freedom Forum」第二天——擴闊眼界

完成令人緊張到崩潰的演講，終於可以投入這個 Forum 的氣氛。

進會場聽其他講者介紹他們正在進行的工作，從北韓逃離的高官 Thae Yong-Ho、正在用 Space Technology 去檢察人權的公司 Planet Labs、spoken word poet Adam Roa 等等，全部都是在用愛去抗爭的人。

Adam Roa 的 spoken word poem，叫“Why don't more people believe in love?”

“Loud and clear that message rings out,
Love! Is! Still! Here!
It is near to each of us,
and if we look through our fears it reaches us,
So why are people still afraid?”

用愛作為武器，是人類最終極的戰役。

能夠專心坐在觀眾席，聽這些有遠大視野的人，做著這麼有想法和意義的事，那份感動，不只是了解他們的行動那麼單一的層次，更會帶來更內在的整個變化，引發自己去反思最近的日常，很奇妙。

一個一個做著如此重要事宜的人們，統統聚集在這個遼闊的國家，互相支持，互相影響。

在日常生活常常無意地把自己的情緒放在很小的細節上，這是我們都有的通病；很多執著讓我們容易生氣、憂慮，亦因此忘記了更重要的、更需要我們去用力的事。

其他人陸續出來介紹自己，有些是前幾年的 speaker，有些是 OsloFF 的 supporter，令我在這個旅程認識了許多理念很相近的人物。也令我開始思考，我們生活在香港，慣性地只想著可以在自己的地方做些什麼，面對不聽不聞的不仁政府，結果不斷在虛耗自己，然後陷入疲勞和失望。

而事實上，我們需要做的，其實是擴闊眼界，把視野放到外面去。

在這樣一個地球，每個國家的人民都在為自己的地方抗爭。雖然狀況迥異，各有不同程度的困難，但其實説到底，根本就是在面對著同一個問題。霸權國家們的領袖，都在連成一線，去更新對付自己人民的方法；那其實我們要做的，也就是和相同想法的人連在一起，在社區內、國家與國家之間，不要自掃門前雪，而是互相關懷、互相支援。

只要能衝破這一點，我們便不再渺小。

一個一個人的力量，加起來，衝破界限、衝破種族，絕對能推翻每個貌似不倒的強權。

極夜背後

2018是困難的一年，香港人在抗爭後，從回氣的過程中，多少流失了一些信念。眼看一些曾經是最投入的人，也開始選擇離開。去年，我的前助理二五，也因為兩個小孩的未來，而移居加拿大，告別這個他從小熱愛的地方。那是能理解的，就跟當年我爸媽將我們帶離這裡，那種心情是差不多的吧。

是什麼讓我們總是這麼容易放棄這個家？這是我常有的疑惑。

無論如何，留在這裡的人，生活還要走下去，我也盡力從我創作的深谷爬出來，儘管那是如此的困難。我嘗試突破自己的框框，好不容易將第一首自己填詞的作品完成，命名〈極夜後〉。

〈極夜後〉背後的靈感來源，在《接近獨行》裡已經説過，也不重複了。但歌詞表層的畫面故事之上，再添加的含義，其實是關於生命的一個循環。

這跟我這幾年的變化攸關。

我們看事情，一般都被教育成要單一地解讀。好就是好、壞就是壞，黑白分明地一條直線走下去，到了終結就等於是盡頭。

誰知道，原來揭開表層後發現，一切完結，本就是另一個開始，甚至重來。

「現在未來逆轉了
生再　熄滅
循環夜晝內　藏在字眼外
我們轉動中躍起
春秋四季幾何　總可以再起來
用這朝陽記載」

那時我是如此相信的，在疲勞、失望後，人們總能再次站起來，歷史如此告訴我們。在盛世背後總會連接衰落，但盡處又能看到新的曙光。

當然，這也是必須有過經歷，才能懂的道理。這樣跟年輕人說道理，他們會叫你早點回去休息吧。

這幾年身邊許多朋友開始步向靈性的修習，都是很自然的。不是迷信，而是一種嘗試去理解宇宙的姿態，一個集體。

前個月，有人向我介紹瑪雅年曆推算方法。有點像星座加通勝的極高智慧推算法，整個系統有點複雜，但最有意思的，是它除了告訴你個人的特質外，還有一個1到260的人格分類表。每個人的屬性都會得到一個編號，越小的號碼就是思考型、越大的是行動型。舉一個一說就明白的例子：Einstein 就是260。一群人一個世代，進步到260後，就又回到0，新的一頁又再開始。

是一種人與人接棒，「我們都是一個整體」、「We are all connected」的概念。

宇宙一直在告訴我們這件事。一切現在正在發生的，都已經在影響往後即將形成的；曾經在某個過去出現過的，也被此刻的人納入信念和一切舉動中。

就像四季。嚴冬後是春降，即使是最漫長的黑，也會有重見天日之時。可是，這種生死起落，從不會停留，它是不斷流動的、常變的。最老套的歌詞，「變幻原是永恆」，聽起來哀傷，卻是多麼的真實、透徹，告訴了我們面對生命流逝起落的要訣。

大概只有當你也能變得如此流動，你才能真正看懂生命要你飾演的那個角色。

瓦礫中站起來，人們就是希望

最近香港政府推行的逃犯引渡條例修訂，引起了港人前所未有的恐懼。儘管面對社運人士和法律界專業人士的持續反對，香港政府仍然急切推行，情況令人擔憂。

作為曾公開批評香港和中國政府逐漸剝奪港人自由的藝術家和公眾人物，我對這次修例深感不安。

香港作為中國唯一的安全港，我們的法治，我們的安全感，甚至是我們的自由和創造空間，都會因逃犯引渡條例而受到不可想像的損害。它的影響範圍遠遠超越了政治。

到現時為止，香港仍然是中國境內唯一一個讓關注政治議題的藝術家自由表達的城市，如歌手兼社運人士黃耀明和我本人。雖然這幾年間，我們失去了商業活動的收入，歌曲也被中國媒體平台下架，更被列入黑名單，但是我們仍然可以在香港境內繼續發言及參與政治活動。又例如每年六四，悼念天安門大屠殺受害者的大型聚會，以及2014年的雨傘運動，我們都不必擔心中國政府直接的政治清算。

單看我們，以及其他藝術家和社運人士，在香港仍然可以毫無畏懼地生活，足以證明香港與任何一個中國大陸城市的差別。但修正後的引渡條例將令香港正式受制於大陸制度的迫害和鎮壓，亦象徵著香港將成為與世界隔絕的一個孤島。

國際公司已表示考慮撤離香港。任何人都有被拘留和引渡到中國的危險，不僅是居住在香港的市民，也包括只是路過香港的旅客。非政府組織的工作人員、人權活動人士、記者、藝術家等，甚至是任何中共政府可能感受到威脅的商家和行政人員，都有可能被迫面對以侵犯人權和政治迫害的判決而聞名的大陸司法系統。一旦條例通過後，在這些領域工作的人們，都很可能不會選擇踏足我們的城市。

香港的獨特性，在於東西方文化在這裡經過長時間的融合，這在歷史進程中佔據著多層次的重要性；我們的音樂，食物，電影甚至日常用語都反映了這一點。在國際層面上，香港具有不容忽視的地位和影響力。反觀中國，其實一直是一個封閉且孤立的國家，嚴格地控制著各種政治和藝術表現形式。引渡條例的變更，正在試圖將香港慢慢變成一個能容易控制並且能全面監控的普通中國城市，而香港原有的多樣性和人權自由，很有可能會成為歷史。

在過去五年，香港居民一直艱辛地堅守我們所擁有的自由，當中遇到的困難和打壓多不勝數。民主派議員被不公平地取消議席，甚至褫奪參選資格、書店店長被綁架、抗爭人士因發起或參與抗議而被判重刑。很顯然，我們這個城市的系統已不再能保障人們的利益。

移民海外的家庭數量再次出現上升趨勢。隨著香港政府力推逃犯引渡條例的修訂，這決定嚴重破壞一直確保香港自主的「一國兩制」模式。沒有人再感到安全了。

但從正面的方向去想，這次引渡條例惡法的出現，觸發了香港人繼雨傘運動後的捲土重來。來自不同背景的香港市民，包括律師、學生、師奶團體，都發聲動員，要求政府撤回引渡條例。律師及法律界人士在炎夏中穿上全黑衣，於週四舉行無聲抗議。為悼念1989年天安門廣場大屠殺中的受害者，超過18萬人在6月4日站滿了維多利亞公園的6個足球場及相鄰區域。週日反對引渡條例的動員預計將打破歷年的出席人數記錄。

曾因失望和沮喪而退出社會運動的年輕人再次出現，並積極參與抗爭。他們印刷傳單和貼紙，在車站和學校外派發。來自本土「勇武」陣營的，曾因雨傘運動的「失敗」感到憤怒和沮喪，亦曾聲稱抗議和和平集會是「無用的」和「浪費時間」。現在他們也放下分歧，共同面對香港司法制度的崩壞。

這是我們傘後五年之間，都沒有見過的情境。我必須承認，我感到鼓舞，甚至帶有一點希望。

從歷史上來看，只有人民的堅持才能實現變革。儘管香港並不以耐性聞名，但這場仗還沒完結。

從雨傘運動走過來的香港人，以我們一貫快速的學習和適應能力，用嶄新的姿態重振旗鼓、重新出發。對於未來的這場長期戰爭，我們終於開始看清和明白，並且在發展一套更能持續的方法。

我們的城市絕對不會不戰而降。

Washington post Op-ed
08/06/2019
（方迦南譯）

和盾牌最接近的一次

我站在中信大廈旁，民陣主台的旁邊，看著屏幕直播電視轉播中四周的狀況，聽聽台上不斷宣佈的消息。平靜中帶有些微的緊張感，學生向政府發出的三點最後通牒，即將到臨。

這邊的人大部分都是年輕人，大概有些是中學生吧。當中更多看起來都是沒什麼實地經驗的小女生和 OL，有些在中信大廈裡面觀看，有些依舊在台前地上坐著看著電視直播。

直覺告訴我，政府並不會有所回應，三點後到底會發生什麼事？

＊＊＊

從早上十點起床，本能反應跳起並拿起手機打開 Telegram，這動作不禁令我聯想到雨傘時期，那種每天扎醒拿起電話已經有 100 個訊息的日子。從各人傳來的圖片中，看到群眾已經用各種方法成功佔據馬路。看到車輛甚至巴士輔助大家堵塞交通，以及不到中午已經重奪夏慤道的年輕人，那些滿滿的人頭實在令人感動，心中暗暗輕呼了一聲「Yes!」。重奪事小，那種重整後更靈活的新狀態，才真的叫人興奮。

我們等到了。

梳洗早餐打坐唸經後，回覆了一堆訊息，匆匆忙忙間已經快下午一點。趕快強迫自己什麼都先別管，先出門，絕對不能錯過今天這麼重要的日子。

回想起9.28，最大的遺憾大概是沒能在被催淚的人群中與大家並肩作戰。當年我還在考量付出的底線，因此從早上到下午都坐在家中看著金鐘的直播，一切看在眼內。雖然能隔著屏幕跟大家一起呼叫和憤怒，但當知道朋友們在群眾中安撫著初次遇上這種情境的香港學生們，多想自己也能為大家做些什麼。

顯然，走在此刻的人群中，小孩們都從幾年間變成頂天立地的大人了。從海富到立法會到添馬公園至龍匯道，都擠滿了年輕的面孔。一個一個戴上口罩，有些更是全副武裝，頭盔、防毒面罩、包住雙臂的保鮮紙等等，一副副有備而戰的姿態。不只是經歷過雨傘的那一代，就連更年輕的這一輩，也被極權和現實洗鍊了一副更無畏的膽量，起碼表面上看來確是如此。眾人呼叫著口號，稍有什麼聲音，大家便一擁而上，兄弟有難，八方支援。不論男生女生，在這片現代戰場中，竟然能把自我和恐懼都放下得如此乾淨俐落，這大概是香港人在自己的年輕人身上，從沒預料到的改變。

穿過人群，我會合了友人，見她們手上拿著一大包東西，我提議把東西暫放到中信我相熟的店裡。大廈裡好幾層都坐滿了人，看來都是一些到來作支援，但沒有預備走在最前衛的人，當中很多情侶和小女生。

***

把東西放下沒多久，聽到人群騷動，走到窗邊，發現龍和道方向一群防暴警察已經逼近。他們一邊敲著自己的盾牌（到底是想嚇人還是為自己壯膽？），急步走到人群的邊緣，便停下不動。

我立刻下樓回到大堂，走到大廈外的台邊。此時台上的氣氛也開始緊張，主持緊張地叫坐著的人站起來，眼看著後方，因為從龍匯道那邊，一隊一字排開、全副裝備的防暴警察，亦已像軍隊般逼近。

據說這個中信外面的行人道，民陣已經申請了可以用以和平集會的空間。這裡既合法也並非在馬路上，比較沒有想走在最前線的，都聚集在這裡。而很老實說，我今天到來，本來也沒有意圖走到最前，只是作為對學生的一種後方支援。

怎料此刻，整個金鐘似乎已經沒有所謂前方後方。警察從四方八面進攻，最後面的人，突然變成了最前線。人們把雨傘傳到邊緣，著眾人齊心撐起雨傘，防備警察的攻擊。

突然，立法會示威區、添美道傳來一陣陣尖叫和催淚彈的濃煙，同時兩批防暴警察隊伍，已從演藝方向和添馬公園方向望我們推進和包圍，人生第一次確切感受到金庸在小說中所形容的「前有追兵，後無退路」的徬徨狀態。

添美道受催淚彈攻擊的示威者陸續跑過來我們這邊，被濃煙灼傷的要求洗眼，一陣陣人潮湧過來，周圍由本來的平靜瞬間演變成一片混亂。我也在毫無經驗之下開始學習幫大家洗眼洗手、派水、弄濕口罩派口罩等。偶有幾位比較激動的男生走過來罵台上的人，我便嘗試安撫他們的情緒。在這個時候，能做到的也就這麼多了。

此時，演藝方向和添馬公園方向的警隊，也像有鋪排和計劃地，在毫無警告下丟出幾顆催淚彈，本來在四方的人全部跑到台上躲避，我被人群壓到中信的牆邊。濃煙漸漸包圍我們，只戴著口罩的我，被燻到不停咳嗽、眼水不斷流。旁邊一邊是台邊音響公司的兄弟們，努力護著公司的器材；另一邊就是中信的大門，一道本來鎖著的玻璃門，被周圍落荒而逃、互相推撞的人們敲打，「開門啊！開門啊！」，裡面其他人嘗試拿硬物撞破玻璃，但不知是幸運還是不幸運，強化的技術也太好了，怎麼敲打都無法撞破，一眾幾百一千人的群眾，只能從旁邊一道旋轉門擠進去。

情境簡直像在戰場中，被軍隊（或喪屍……）追殺一樣。周遭慘叫不斷、險象橫生，差一點就釀成人踩人的悲劇。

然而，這些處處進逼的，應該是保護我們的香港警隊啊。

眾人好不容易在大亂中，將一群抗爭者和年輕人統統推進大樓，外面就只剩下幾位民陣的工作人員、長毛、李卓人、音響同事，還有我。

防暴警察依舊一副要殺人的模樣，再次敲著盾牌向我們靠近，作勢要逼進中信大廈進一步驅散人群。幾個往中信離開的人嘗試把我勸走，我說沒事，我可以的，著他們先幫助學生們離開。

當然，我很清楚，我不是議員、也不是記者，就只有一個公眾人物的身份，在這種混亂中，對這些瘋了般的警察，大概也起不了多少阻嚇作用。但無論如何，也總比其他大眾好一些，我猜想警察也總不能向一個公眾人物亂開槍揮拳吧，在這種危急情況，眼看大廈裡面還是一片混亂，什麼也要試試。

我把口罩除下，盡量露出自己的面孔，旁邊毛哥已經在跟白衣警司 negociate，勸他們起碼要讓音響兄弟把器材收起再趕。我這邊的幾位藍衣警員，目露兇光，我用我能力範圍內最冷靜的語氣，跟他們說：「冷靜點，大家已經在離開，可以讓他們先疏散再進去嗎？」前面幾位年輕警員大概沒預料有人語氣這麼平靜地跟他們講道理，一時也反應不過來。

擾攘了一會，警方再次要求我們退到中信大廈裡。走到裡面，發現樓上還是堆滿了人，許多還在慌忙逃脱的人，卻無路可逃。海富天橋也擠滿了人，走也走不了。

我本已被拉到一樓去，但情急之下，又獨個走回樓下，嘗試跟白衣警司理論。這是我在短短十分鐘學會的技能，面對一群只聽指示行動的警員，一定要找他們穿白衣的警官，這些警官一般都比較冷靜，可以理論。而且他們忙著跟妳對話，便不能再發施號令，其他人也就動彈不得了。這位大 sir 也不至於完全沒有商量的餘地，跟他理論一會後，他同意讓人們全部撤離才繼續清場。

好不容易疏散進大廈撤離後，我們被逼退到海富天橋上。期間一位外國人出手跟我剛剛同一位警司理論，我加入，竟意外地和這位看起來也不完全是壞人的警司有了三分鐘的交流。唉，警察也不過是極權下的棋子罷了，誰不想安安穩穩地上班下班算了？

後來橋下一陣騷亂，警察又再次進逼，我們退到天橋中央，幸好議員楊岳橋和譚文豪在此時出現，跟警方理論下，雙方暫且答應站在原地互不進攻。

這樣維持了大概45分鐘，楊岳橋和譚文豪必須離開回立法會開會，現場只剩我和另一位區議員和議員助理們，還有五六十位市民。開始的時候氣氛尚可，本來和我們對話的警官也尚算態度良好。在我們這邊的市民也都只是站著，沒有任何激動舉動，甚至連對罵都不多，就只有一位中學生不斷要求警隊為他們這一代收手，聽到我都不禁有點心酸。

大概六點半，警隊換更，換來新一批警員和警官，後面本來統統坐在地上的警員也突然被命令站起來，戴起全副武裝。

看氣氛有點不對勁，我開始嘗試跟新的這位警官理論，結果在毫無警告和先兆下，前後兩批大概五十個警員在一聲令下，拿著盾牌大力敲打、大聲咆吼並往我們狂推。他們這個無理的突擊，甚至一度把我推進石牆去，一眾前線警員目露兇光的姿態，根本就不管你是市民還是抗爭者，只要站在他們前方的，就完全把我們當殺父仇人一樣。

警員在聽到警司命令後，根本沒有任何冷靜討論的空間，像極一群被洗腦的機械人，你跟他們說話他們就把你當作搞事者、暴徒。

我們一群幾十人，本來就只是安靜地站著、沒有任何舉動的普通香港市民；而且這裡又不是馬路，只是一條人們本來就可以自由走動的行人天橋，何以被警方這樣用不合理並且過度的武力推走？是否警權過大？

這就是香港人現在面對的狀況。而我知道，如果一個公眾人物他們都可以毫不留情地如此對待，那麼其他年輕人所面對的，只會比在這個畫面看到的再暴力一百倍、一千倍。

曾經的雨傘87枚催淚彈，已經觸及了香港人的底線。怎料在極權政府的統治下，底線能更低、暴力能更肆無忌憚地濫用。有些人，為求達到一切政治目的，無所不用其極。

面對一個散播謠言、硬說我們是暴徒、卻寸步不讓的行政長官，一個不講道理、置市民安危於不顧的濫權警隊，我們有的就只有赤手空拳，和我們的宏大意志。

平反六一二
我們不是暴徒

「兩百萬」這個包袱

二百萬人遊行，政府官員、林鄭和各司長陸續走出來宣佈讓步和「道歉」，轉眼已經是一個禮拜前的事。

過去這個禮拜，年輕人們很努力用各種方式維持運動，各種不合作運動的想法於討論區不斷發動。包圍稅務大樓、包圍入境處、警總等等。當中部分行動取得較大效果，稅務大樓臨時關閉，星期五包圍警總的行動更是讓政府和警隊陷入進退兩難的局面。

隨之而來的，當然就是各種不同意見湧現。有些人認為運動適可而止，不能讓市民感到煩厭；有些批評在場人士丟雞蛋、塗鴉過火；有些認為不合作運動多少就是要阻礙社會正常運作，以爭取政府正視問題，如此政治潔癖是不能成事的。

先不去探討成效對錯、「有用無用」這些悶死人的老調，我個人比較會選擇著眼於這個運動中，每個參與當中的人，身上展現的那種急速變化。而無可否認的是，年輕人絞盡腦汁各出奇謀，都是很努力地為這場運動找尋下一個缺口，單單這一點，已經值得我們賦予更大的體諒和包容。

昨天早上再次有人發起包圍稅務大樓，顯然人數比上一次已經少了好些，而公眾的耐性也隨之降低。大樓門外許多年長途人（有人猜想是收了錢的建制派，我直覺覺得絕大部分是一般大眾）向示威人士表達不滿，儘管示威人士由最初的阻擋轉而為嘗試向對方解釋及道歉，但大部分最終還是不歡而散。期間示威者一度變陣散開、分頭行事，有些從門外走進大樓升降機大堂。被阻止使用電梯的人群當然面露不歡之色，當中一位馬來西亞人士從升降機步出，用身體擋在示威者和升降機中間，期間發生碰撞和口角。看直播的人極為緊張，紛紛表示不該這樣，不該那樣。後來在討論區也能看到對於這次行動的批評和辯論，似乎大家對這次行動都多少有點微言。

可幸的是，示威者在五點多離開後，並沒有各自散去，而是選擇一同回到立法會示威區內召開臨時會議，討論及檢討行動的不足，以及嘗試商討下一步的部署。歷時一個小時的討論，各人也有機會舉手發言表達意見，最後更分小組開 group 再商討。這些是我樂於看見的。

由6月12日的行動開始，總是看到很多成年人在擔心年輕人的每一個舉動，怕他們看不清狀況、會魯莽行事、失去民意。但殊不知，在我們看著直播憂心之際，這些年輕人已經快速成長，學會從錯誤中檢討，再改良。

擔心嘛，當然不可能完全沒有的，但我會選擇相信這一代年輕人的應變能力和他們從挫敗中長出的集體質素。

在任何試驗中，無可避免會有反效果或是做得不足的時候。即使是科學家要找尋新論點，當中需要多少次失敗的實驗來成就最終的肯定？如果每次都因為怕輸怕失去，只是盤算而不行動，又怎麼能知道什麼方法有成效，什麼方法須改進？我們過往的社會運動，就是太多計算、太多考量、太多包袱、太多太安全的做法，以致年輕群眾對各政黨和領導團體失去信心。而在眾說紛紛怕被指摘的環境下，有經驗的人也會因此卻步，不再敢亂試新模式。

這次運動最顯著的轉變，亦是讓它有空前號召力的原因，正是在於沒有包袱的群眾在決策上的參與。每個人都能天馬行空地丟出自己的想法，有最多人認同的，便能成事，不太可行的，也不會有太多人盲目跟從。抗爭方法每天都在更新，有人甚至發起用網上軟件讓大眾投票，或者在現場投票決定意向，這些都是我們以往從來沒有見過的。

這一次，我們沒有大台，因為最主流最令人信服的意向，就是大台。

既然我們以這個方法成功取得政府退讓以及民意的上方，就絕對不能讓自己回到以往的困局。積極參與當中的人，不要把錯誤放得太大，也不要太留戀之前得到的所謂「佳績」。旁觀打氣的人，切忌太輸打贏要，在別人犯錯時，更要多加鼓勵，友善地提出正面的建議，要讓事情有討論和互相理解的空間。試驗中總是有得有失，但嘗試拉遠一些來看，每一個動作都是讓我們把進程逐步推前的。

現在這個抗爭模式，當然還是有它不足的地方：例如沒有主要軍師，在行動成功啟動後，無法有效地傳達訊息；有什麼出乎意料的情況，變陣也會流於鬆散；參與的人不是每個人都清楚箇中目的和必須遵守的原則。這是我們必須實實在在去解開的難題，但年輕人在這兩個禮拜所展現的智慧，讓我相信大家在短期內將會找出對應的方法。

然後，「兩百萬人」的「佳績」，是否也漸漸成為大家的包袱？這是值得我們思考的。

人生的勝利者，就是能把自己的往績抹掉，完成一場賽事，就重新歸零，再開始——不被勝利沖昏頭腦，也不會因前面的困難卻步。再說，兩百萬人，已經是一個禮拜前的事，要能以一個集體繼續往前，我們必須把這個數字帶來的勝利感收進抽屜裡，把每一天的抗爭當成新的一頁去面對。

運動達到高峰固然振奮人心，但總不能只是留戀過去，更不能要求每個人（或是自己）長時間處於作戰狀態。生活還是要繼續，下一步，就是要重整自己的思維，將這個運動變成一個能持續但不互相虛耗的新日常。

24/06/2019

這是對民主與自由的呼喚——美國國會及行政當局中國委員會發言稿

謝謝 McGovern 主席，Rubio 聯合主席和委員會成員舉行此聽證會，並感謝你們在這個香港非常關鍵的時刻邀請我們參與其中。我們希望我們的個人經歷會助你們審議美國國會，並告知美國人民可以做什麼，以幫助現在於自由與自治上受到侵蝕的香港人。

這一百天以來，香港的年輕人一直站在抗爭的最前線。這是一場沒有領袖的運動，參與者涵蓋社會上不同年齡、階層、職業、種族。這是一場爭取民主的抗爭，一場爭取人權的抗爭，最重要的是，一場爭取普世價值的抗爭。

從六月的一百萬人遊行開始，演變成爭取香港根本上的政治改革的抗爭。行政長官林鄭月娥的錯誤決定和傲慢態度使情況惡化，導致北京政府開展對香港事務的全面鎮壓。

過去幾個月，林鄭月娥一直躲在警察後面。她拒絕有誠意地解決政治問題，更不顧代價地賦予警察全部的權力壓制抗議活動。

時至今日，已有一千四百多名香港人被無理逮捕，其中年齡最小的是十二歲。催淚彈、橡膠彈、水砲和濫用警棍嚴重傷害了人民。可悲的是，每天都在發生這些事情，年輕人被壓在地上，頭部撞擊導致腦震盪或昏迷。另一方面，防暴警察和便衣警察早就故意將其身分證號碼和委任證隱藏，使我們無法證明其合法性，更莫說追究他們的責任。

8月31日，來自特別戰術小隊（俗稱速龍小隊）的警員，於太子地鐵站無差別攻擊乘客，其後更關閉車站二十四小時，拒絕為受傷者提供醫療服務，引起外界懷疑車站內也許有受傷死亡的乘客。

有證據顯示，警察偏頗待遇社團人士和親中人士，對他們襲擊示威者視而不見，甚至幫助他們鬧事後撤離。此外，他們更進入中學校園，商場和公共巴士，搜查、甚至無故逮捕穿著黑色服裝的年輕人。換言之，在香港這個警察城市，年輕便是罪名。

作為一名香港的歌手和維權人士，我親身經歷了連串打壓。自2014年「雨傘運動」以來，我便被中共政府列入黑名單，我的歌曲和名字在中國互聯網上被審查禁絕。在中國政府的壓力下，贊助商退出，連國際品牌也都與我保持距離。在過去五年中，尤其最近，中國一直試圖用他們的宣傳機器抹黑我，散佈大量虛假消息。目前，我正面臨親中社團和支持者的威脅，並且隨時可能面臨逮捕和起訴。

在歌唱事業方面，我不僅在中國和香港面臨愈來愈大的困難，因為自我審查制度現已擴展到全球的機構和城市。最近，由於「保安考量」，澳大利亞墨爾本National Gallery of Victory拒絕了中國藝術家巴丟草和我的活動場地申請。由於類似的原因，加拿大蒙特利爾的同性戀遊行組織禁止了香港維權人士的參與。來自香港、台灣和中國大陸的名人都被迫表達他們對北京政府的一致「支持」，並可能因保持沉默而受到譴責。為免遭到政治報復，新創作的香港非官方「國歌」的詞曲創作者，也選擇保持匿名。

香港人現在生活在持續的恐懼中，不幸的是失去了我們大多數的自由。香港主要的航空公司國泰航空已屈服於政治壓力，基於政治立場而解雇數十名員工，其他商業機構也紛紛被迫作出政治決定。香港本是一個以政治冷感聞名的城市，然而今次，儘管鎮壓日漸增加，年輕一代仍肩負起捍衛我們家園的角色，勇敢地抵抗腐敗的體制。他們喚醒了其他香港人，使更多人一同投入這場使世界震驚的持續抗爭。

對於很多人來說，美國是自由與民主的象徵。美國人享有的自由是香港人民長期以來所渴望的。儘管我們語言和文化不同，但我們的共同點是追求正義、自由和民主。

透過看見香港當前的困難，西方國家逐漸察覺到中國在國際上的操控性。香港與世界在很多方面是相連的，但中國正試圖以孤立來操控香港。如果香港淪陷，它很容易成為中國極權主義政權將其規則和優先事項推向海外的跳板，並像過去二十二年對香港所做的那樣，利用其經濟力迫使他人跟隨其極權主義的價值觀。如果美國及其盟國希望維持一個自由、開放和文明的世界，這絕對是一件需要恐懼的事情。

因此，我敦促美國國會支持香港，最重要的是，通過《香港人權與民主法案》。這既不是呼籲所謂的「外國干擾」，也不是爭取香港獨立。

這是對民主的呼喚。

這是對選擇自由的呼喚。

最後，請容許我引用第一夫人 Eleanor Roosevelt：「透過每一次停下來正視恐懼的經歷，你會獲得力量、勇氣和信心。您可以對自己說『我經歷了這種恐怖，我可以接受接下來發生的事情了。』」

這是一場為我們大家所珍惜的普世價值而進行的全球抗爭，而香港處於這場抗爭的最前線。因為曾擔心沉默的後果，我們現在反而變得無所畏懼。

（方迦南譯）

You are not alone
in this fight.

你在這場抗爭中並不孤單——紐約奧斯陸自由論壇演講稿

十月初，香港反送中運動已持續了四個月，香港政府啟用了《緊急法》，以執行《反蒙面法》。這項新法律禁止任何人用任何方式蒙面，專門針對年輕抗爭者進行這場大規模爭取自由的匿名抗爭。

香港行政長官林鄭月娥聲稱，這項具爭議性的法律將使參加人數急劇下降，因此能有效終止香港的動亂。

然而，在接著的周末，人們仍然戴著口罩走上街頭。儘管自從七月以來幾乎所有遊行、集會都沒有獲得不反對通知書，但數十萬香港人仍然出現在各個角落，以幽默感和創造力來抵抗。

誰會想到，香港這個人們只會很偶然才在街上游行的金融城市，將成為這一年全球最具標誌性的抗爭象徵。誰會想到「Be Water」的宗旨和戰術，會進而激發加泰羅尼亞、印尼和世界不同地方的運動？

香港人半年前絕對難以想像，半年後的現在每天都會發生催淚和警暴事件，而且連年輕的中學生和八十歲的老人也都成為這場持續抗爭的一部分。

最初的一百萬人，到六月的二百萬人遊行，演變成無領導的抗爭，這令世界感到驚訝。但令人遺憾的是，在中共政權控制下的香港政府，作出了強烈的鎮壓。透過賦予警察全部的權力，警察自此隱藏表露身份的委任證，並違反所有行為守則，將香港變成一個全然的警察城市。

運動開始至今已有二千六百人被捕，其中三分之一以上是二十歲以下的青少年，年紀最小的是十二歲的女孩。警察發射了數千枚催淚彈，以及故意向頭部發射了橡膠彈和海綿彈。當中有一名急救人員和一名印尼新聞記者都因被射中了眼睛而永久失明。

年輕人僅僅穿著黑色衣服或戴著口罩便會被搜查、毆打並在街上逮捕。被拘留在新屋嶺拘留中心的年輕女性公開宣稱被警察性虐待；最近有一名十五歲男孩，被警察在零距離向其胸部發射實彈；更有一些在海上發現的可疑屍體，都是穿著黑色衣服的年輕人。

除了警察的暴行外，使用黑社會及鄉黑勢力向抗爭者施以暴力行為，對議員、知名行動者和學生施以殘酷襲擊，這些旨在恐嚇並使人們沉默的行為已變得愈來愈普遍。然而，香港人仍然像以往一樣堅定、團結，毫無退縮。

很多人都會問，這將如何結束？

故意消滅兩代香港人以後，這個極權政府將如何處理失去半個社會信任的這個後果？這是只有當權者才能回答的問題。在四個月裡，我們已成為一個截然不同的香港，所以無論政府選擇進一步鎮壓還是像五年前雨傘革命那樣冷處理，其實都行不通。

我們的要求既明確又簡單：我們要正義，我們要自由，我們要改革。除非能誠懇地回答這些問題，否則社會是不會恢復正常的。政治問題必須通過政治手段來解決。

歸根究柢，這場運動源自兩種完全不同價值觀間的衝突：一邊是習近平不尊重人權、法治的中國模式，而另一邊是香港這個中西文化交匯、珍惜並擁護自由、法治和基本人權等普世價值的城市。

「一國兩制」的制定原是為了香港和中國的共同利益，但在習近平的極權統治下，「一國兩制」已形同虛設。中共在香港實施在中國大陸也許適用的專制統治，但他們無法理解為什麼香港人不會退縮，而且會在政府處處進迫的情況下更加奮勇抵抗。他們無法理解的概念是：香港一直是世上獨一無二的。作為一個國際樞紐，我們是一個擁有多元文化的城市。處於一個甚少維護立法與司法制度、高透明度體制以及言論自由的地區，我們一直以來非常重視我們所擁有的這一切。儘管我們以往不曾被視為善於反抗的人民，但當某些東西從我們的手中被奪走時，我們會奮起反擊，強硬地反擊。

這次香港人展現了前所未有的實力和靈活性，令世界和我們自己都感到驚訝。因此，香港已經從此改變了。我們帶著新鮮發掘的團結力量，站在這場極權與自由世界間的全球鬥爭的最前線。

中國如何操控香港，它將來就會如何操控國際。對此，西方國家務必醒覺。正如中共在過去二十二年中對我們所做的一樣，用經濟利益掩飾其意圖，中共機器正努力將其規矩和優先議程推向海外。

這是現在已經正在發生的事情，NBA、遊戲公司 Blizzard、Vans 和 Apple 等美國公司都因受壓而自我審查。很可悲，連 Lebron James 等國際名人也都選擇擁護習近平的政權，在誠信與市場、個人利益之間選擇了後者。通過譴責和懲罰這場運動的支持者，這些公司背棄了大眾和使他們得以蓬勃發展的自由世界；如果沒有鼓勵創造力和自由思想的環境，這些公司不會達到現在的成功。然而如今，他們為了中國市場，選擇對不公視而不見，成為殘酷政權的幫兇。

任何相信這個世界應該是自由、開放和文明的人，都應該感到震驚。當工商界被迫作出政治決定，在關鍵時刻保持沉默時，這便是我們世界各國人民應站出來奪回我們社會的時候。

最近幾天，美國國會通過《香港人權與民主法案》，顯示了對香港的巨大支持，香港人對此表示感激。但僅是法例和制裁是不足夠的。現在是時候讓世界醒覺當前的情況，讓人民從政府和企業手中奪回發言權。像香港人那樣，用選票、工作與行動向他們展示人民才是掌權的一方。

告訴獨裁者他們根本無法兩全其美，你不能靠著自己的經濟實力踏進其他國家，又要使他人跟隨你的一套價值觀。你不能一邊打壓數百萬人民的基本自由，另一邊想在全球經濟體系中佔重要席位，並假裝相安無事。

我們向當權者傳達的信息是：你的舉止是會有後果的。記住，歸根究柢，擁有真正力量的是人民。

儘管前途艱辛，但我仍然感到樂觀。正如香港人向世界展示的那樣，個人採取的微小行動足以激發出海嘯般的變革。只要有足夠的團結、創造力和靈活性，無論形勢上看似多麼不可能，我們人民仍然可以把它推翻。

因此，無論身在何處，都要竭盡全力為自由、愛與和平而戰。與香港站在一起，與新疆、西藏、加泰羅尼亞、智利、北韓的人民站在一起，為你所相信的一切堅強地站起來。

在這場抗爭中，你並不孤單。

（方迦南譯）

創造力的革命——TEDWomen 2019演講稿

人們在街上突然停下腳步，走在一起唱一首歌，這已成為近來在香港很普遍的景象。

實際上，在過去的幾個月中，《願榮光歸香港》（也被稱為「香港國歌」）這首歌經常以非常規的方式出現在我們城市的不同角落，成千上萬的香港人在遊行、畢業典禮，甚至商場裡大合唱。

這首歌以匿名方式創作和發行，體現了2019年這場香港抗爭的精神：自發、有創意，將激情轉化為快速行動。

我必須説，作為從事創意領域工作的人，我非常高興看到大家重新擁抱音樂和藝術。五年前，在2014年的「雨傘運動」中，藝術被標籤為「無用」，而現在我們似乎已對想像力的作用有了新的認知。

在這個很大程度上是匿名且無領導的運動中，這種創造力正是讓我們持續下去的力量，使我們與其他抗爭運動分開。透過過去犯過的錯誤，我們明白到：在這場面對極權的艱苦抗爭中，創造力的軟實力是至關重要的。

作為香港的創作歌手，自從雨傘運動以來，我選擇與其他香港人一起捍衛民主。當我看到第一顆催淚彈射向和平抗爭者的那一刻，我下定了決心：無論所謂的「後果」如何，我都必須站出來說出自己真實的想法。在佔領的七十九天中，我一直在街上留守，並在最後一天被捕。

在這個自我審查的時代，業內人士認為我很瘋狂。「他們會禁你。他們會審查你。這是演藝生涯的自殺。」

實際上，他們是正確的，但只是部分正確。我在中國被禁，我的名字被審查，我的歌被刪除，我再也不能在中國巡演。沒有品牌敢與我合作，其他藝人也都擔心和我扯上關係而不和我合照。在聯合國和美國國會上發言後，我在台灣一次集會上遭到親中團體以紅油襲擊。

但我的演藝生涯就這樣結束了嗎？當然不是。

在2016年，當各品牌對我避之則吉，我以眾籌的方式舉辦演唱會，從三百家本地中小商戶獲得了超過三百萬港幣的支持，這絕對超出了我以往對大品牌贊助所期望的金額。數小時之內，五萬張門票全部售罄。

我建立了自己的唱片公司，並通過互聯網構建了自己的系統。在我的小團隊陪伴下，我們自發舉行在香港不同地區的音樂會巡演，包括在電車上、山上、小商店裡和街道上，甚至舉辦了為期六天的音樂節。

如果我屈服於恐懼和「這是我們生存的唯一途徑」這個說法，如果我不相信創造力，這一切都不可能發生。

就目前在香港的抗爭運動而言，令人讚嘆和啟發世界的，也在於其創新和靈活性。

最初是一百萬人的遊行，後來演變成沒有人想過有可能辦到的事情，即使我們自己也都不曾想過。我們不僅以藝術形式，更在遊行和抗議的形式上發明了新的戰術和表達方式。

年輕人透過重新思量他們手上擁有的工具，充分利用了互聯網和電話軟件，以幫助鞏固群眾和聚集人群。他們即興地使用交通筒、蒸魚碟、熱水瓶、吹葉機，甚至網球拍來應對過量的催淚彈，他們建造了令人印象深刻的路障，在中環這個金融地區組織舉辦午餐時段的抗爭活動。

連儂牆從當初使用的便籤紙，進化成現在兩層高的精美設計壁畫；還有「香港之路」，由各界人士組成人鏈連接香港各個角落，甚至延伸至具標誌性的獅子山上。

插圖和設計幫助人們在關鍵時刻表達不同情感，更有為運動創作的歌曲是根據親中藝人的演講改編而成，瞬間將負面情緒轉化成幽默的創新手法，使人神共憤的時刻也變得可以忍受。

通過重新連結我們的靈活性，我們創造了這個令香港人盡顯潛力的運動。同行人面對警察暴行的英勇無私，使人們團結在一起。就是這樣，我們克服了六個月的挑戰，將地區選舉翻盤，反對派歷史性地贏得了超過85%的席位，《香港人權與民主法案》在美國國會獲得通過，並簽署成為法律。而抗爭運動仍然持續。

暴政無法控制或壓制創造力，因為作為一台功能強大但速度緩慢的機器，它的結構笨拙，需要花費一定時間才能對新想法作出反應。無論是流動性高的街頭抗爭，還是人們自創的抗爭方式，系統都需要時間來應對和找出解決方案。但當他們作出行動時，我們將已移向下一個想法。

讓我們承認，面對暴政的抗爭會變得非常耗力，因此通過在抗爭方式中創造多樣性，注入創造力，我們便能為自己補充燃料，我們變得靈活，能夠熟練地換檔。通過這樣做，我們不僅為自己創造了很多可能性，更為那些認為不可能的人打開了新世界，為這場抗爭延續它的生命。

（方迦南譯）

那個希望即將到來的地方

「他很清楚知道，
太陽還是會再歸來的。」

就在每年的這一天，就這樣，一個人，拿著輔助自己的竿，一步一步堅定地踏上去。四周烏黑，看似無人，但他知道，在這山坡的許多個角落，另一個他，還有她和他，也在走著。默默走到每次一樣的那個位置，因為那是最能夠遙望這片曠野的最佳地點。

當中有一位小孩，今年第一次有足夠能力自己爬上去，這是他的第一次。只聽過哥哥姊姊描述的漂亮，今天終於能親眼目睹這個偉大時刻。漫長的冬天，無聊透頂，漆黑的四周，又冷又可怕。偶有暗暗亮起來的天空，但不能感受到那暖暖的黃色光源，就連到街上玩耍也好像變得沒那麼起勁。

這裡的人們在房子裡的某個角落，都設了一個人工太陽燈，用來模仿真的太陽。但還是不一樣的。不過也罷了，人們還是必須用任何方法讓自己生存下去，起碼意志上，要抓到什麼根據。

在極地，極光與極夜已是平常。但聽說別的人在「正常」的國度，能一年365日都享有穩定的光源。有時在最軟弱時也會羨慕一下的。但回過頭來，聳聳肩，還是繼續過下去。不再花氣力抱怨，算是習慣了，大概就是活在這裡必須付的一種利息。

又好像捱得過的，因為每個人都知道，陽光還是會回來啊。

把這暫時的絕望，變成日常生活的陪襯品，或裝飾品。接受它的存在，不去抗拒它，也不去刻意地逃避它。但不逃避，也盡量不能被它侵蝕，絕不能被黑暗淹沒。就讓它默默地存在著，與黑暗共存。告訴自己這是必經的，坦然地，直到一天讓慣性把恐懼覆蓋，變成更好的什麼，或更壞的什麼。

又或者，讓自己變成更好的什麼。

＊＊＊

太陽升起，降落，升起，降落，某天，在那個特定時候開始躲起來，到了時候又再重現。你願意等待，儲備，什麼都會有好起來的時候。在某種意義上，是這樣的。

反覆的光與暗，令人隨之調整步調。在沒有天然光源的時候，過的日子會因應變化而節省，或者找尋熱能的代替品，或者從自己身上去產生類似的刺激。沒有陽光，更要讓自己活起來，用動的方法，用靜的方法。

活動腦筋，活動肌肉，活動身心。或者，如果覺得太累，休息一下也並非不可。

就像熊，知道如果在寒冬勉強自己，找不到食物也耗盡了體力，倒不如轉換成冬眠模式，睡一覺長長的。春天到來，一切還是在，又一條好漢（好熊）。

不急，不急。

一切在循環，那些我們忙碌中所記不起的，其實都一直在默默循環。

生物在四季中，依照各種規律，生死、高低，用各自又統一的節奏，在生又滅，循環不息著。

只有人類，以為自己能超越被賦予的節奏，比生命和時間都跑得更快些。

然而，就算真的能比時間還快，然後呢？沒有然後啊。

四季生又滅。時間生又滅。機會生又滅。我們生又滅。

＊＊＊

這天到了，人們早早就啟程。

努力爬到頂峰的人們，擦去那些額上突破冷空氣的熱汗。小孩偷偷舔了一下手指頭，那汗水，帶著賦有生命力的一種鹽度。

時間還差一點點，他們耐心地等待著，眾人難掩那久違的振奮。回想這個嚴寒中所經歷的，那些在漫長漆黑中有過的無力和自憐，到了此時此地，卻好像成了即將到來的快樂的理據和支撐點。

他們當中有些，雖不是第一次目睹，但還是挺期待的。

某人帶來了傳統的號角。那是要用丹田，好好鍛煉過，才能發出浩蕩聲音來的一種樂器。來到預定的時間，那號角威武地奏起，宏亮的單音夾雜著召喚者本身埋了一個冬天的鬱悶，急不及待劃破那開始微橘的地平線，清楚地潛進每顆心中。

趴坐在四周的人們，禁不住紛紛站起來，統統朝著同一個方向。

那是個希望即將到來的方向。

這些曾經四散於各方的，這些曾經在黑暗中覺得只剩下自己一個的人們，縱使互相不認識，突然好像被什麼力量連結起來了。是那頻率的震盪，是這個被遺忘了又快將重現的希望，將這些溫熱的個體，於空氣中串成一線。

先是若有若無的一線橘，慢慢把在遠方那山與山之間的海岸線繪畫出來。然後，那一條線，漸漸變成一線很明顯的光，從天空的最低點，緩慢但穩步地往上移動。

那是陽光無疑。這些久未感受到天然暖意的臉，一張一張被照亮起來，這個與地球相隔了不知多少距離的火球，終於願意為這些想念著它的人們，再露出面來，為這片冷冷的大地帶來它多麼需要的熱能。

小孩當然是當中最驚嘆的。圓圓的臉被照得紅紅的，那被驚艷的小嘴禁不住張開成與臉相映成趣的一個圓。他大概永遠不會忘記這個第一次，親眼目睹火光染亮天空的這個第一次。

那些記不起是第幾次從低谷爬到山坡上的男女，雖不及小孩的單純驚喜，但能再次感受到這個震撼，還是感動的。能再次看見這個畫面，還是慶幸自己活著。曾經在最失意的晚上，他們當中的幾個，有想過「太陽會不會一去不返？」——我們是不是被遺棄和忘記的一群？

幸而，一切艱難又過去，有點想拍拍自己的肩膀，跟自己說一聲「辛苦了，謝謝你的堅持啊。」

那一線光，亮了大概五分鐘，便又往下沉。

在回到無窮黑暗中的那時，他們還是會記得這個陽光升起來的一剎那。一定要記得啊。

明天再來努力努力吧。

16/05/2018

親愛的瑪嘉烈

因為妳的離開，我開始每天唸經，唸《金剛經》。

本來唸經的原意，是為了幫助妳，怎料最終真正受惠的，卻是自己。因為唸經，我的思維和內在，開始進入了一個新的領域。更認真去學佛，得來的，是更闊的眼界、更沉穩的氣度、還有更持久的耐力。

從妳走後，好像都沒有跟妳寫過什麼，啊，如果歌詞算的話，那還是有那十六個字：

「星際　銀河
數盡　細沙
一剎　恆河
返回　最初」

出處，都是《金剛經》。妳從那天起，回到最初，重組，再重來。也許，不過是比我們早了一些，你我都在這個大圓圈裡滾動著、明白著。

啊，妳知道嗎，〈代你白頭〉，題目原是關於冥王星，妳就是冥王星。

那顆小小的，遠遠的星球，在被納入到這個系統後，突然又被拋棄掉，世人稱它為「矮行星」。134340，是它的序號。一生一世一生一死，再歸零。

它的軌跡比其他大星球雜亂混沌，傾斜17度；說不屬於這裡嗎，卻又時近時遠，甚至會頑皮地跑進鄰居海王星的軌道裡去，遊歷完，又回到自己的軌道去。

我們多少都是這樣的異類，都是感覺被孤立的族群。有些人，慢慢被孤獨吞走，另外一些人，盡能力把其他被孤立的人聚集起來，互相看見，互相拍拍肩，從此走在一起。另外有一些，擅自離隊，但在另一方緊緊相隨，為另一邊的人繼續打氣。

「我們都想努力留下痕跡，在任何事情消失之時，我們如此本能地希望把一切修復。」

＊＊＊

我開始確信，世事確實有它的流程，就差我們耐心去等待一切發酵。妳的離開，是我們的一次學習。要面對失去一些親愛的人和事，那無法彌補與承受的痛，也可能是唯一讓我們打開自己，挖出深層次的污垢的原動力。

我也會想像，若今天妳能看到這些畫面，妳大概會跟我們一樣痛心，為孩子們所受的痛苦而痛哭，為妳未能代他們做到的而自責、憤怒。就像我們在那段日子為妳流的淚一樣，是那麼的刻骨銘心。

而妳大概也會跟我們一樣，為這些孩子感到如此的自豪；看著他們在最大的邪惡中，發揮最純潔善良的一面，那麼勇敢地為自己所相信的事情去努力，為他們如此緊抓住最後一分希望而鼓舞。看到這些，妳大概也會驕傲的微笑著。

看著他們，我想起妳那一臉天真。妳總是那樣，瞪大眼睛，傻傻地問我：「真的嗎？」那個在黑暗蠶蝕之中仍被妳緊緊抱住的小孩。

如果說雨傘是一顆種子，現在就是萌芽的時候。對我是，對這個地方亦然。

妳今天若看到這些，到底會跟我說些什麼？我想像著。

***

我們都知道，這是一場漫長的戰役。

就像當天的妳，在漫長看不見光的黑暗中，仍努力嘗試捉緊希望，這我都知道的。妳到最後，一定還在努力。

無論妳今天在哪裡，還在努力衝破自己，還是已經走到更美好的那端，那大概都是最好的結果。在跌跌撞撞中，有許多我們需要學會的；還沒能懂的，就得靠更大的衝擊來成就。

願這些慘綠青年，也如妳一樣，在那遠遠的未來，終歸能捱得到翠綠的新天地。

我會如看到妳一般，一直緊抱他們走下去。

15/06/2019 03:34am

「奮不顧身的我們，永無休止的現在」

——夏宇

聽見自己

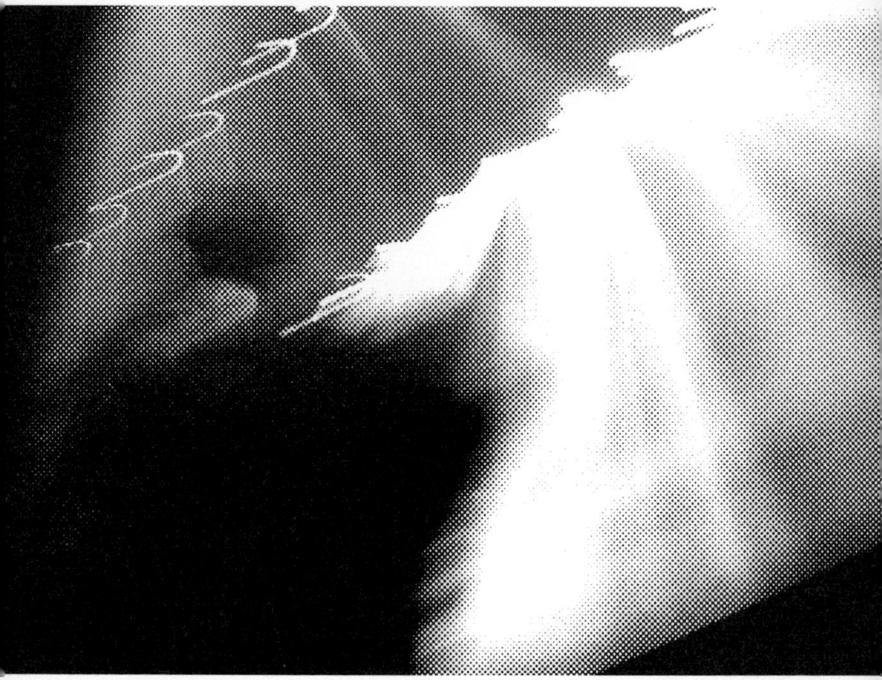

1 —— 關於勇氣

勇氣來自……

勇氣來自團結，勇氣來尋求改變，這是不變的事實。

一個人，若是完全沒有跟自己站在同一邊的夥伴，很多事情都不可能完成。

我在各個人生階段，都算很幸運。除了家人和最親近的朋友總是在我身旁外，每每都能在適當的時候，遇到適當的人，跟我一起向前推。

然而，沒有人的勇氣是一天煉成的。

想做別人不敢做，或是做不到的事情，首先，你要鍛煉自己擁有「會不斷失敗」的這個心理準備。

大部分人不能在關鍵的時候作出關鍵的決定，都在做著令自己不快樂的工作，過著讓自己不快樂的人生，都是因為一件事：怕輸。

走別人走過的路，過別人在過的人生，跟著隊形，便萬無一失。儘管那是把自我埋沒的選擇，儘管那根本不是我真正想要的，但跟著別人走，我便不會走錯路、更不會成為別人的笑柄。

可是，在我們安穩地過活許多年後，回頭一看，卻是大堆大堆的後悔。

如何讓自己不成為這樣帶著後悔過活的大人，首先就是讓自己養成「不是做所有事都一定會贏」的這個良好心態。

而且，「輸」和「贏」，由誰來定義？

當你把一切都看成是一種學習，而不是一場比賽，看看誰能從錯誤中學會更多的話，那麼，你可能會更熱衷於去冒險，去找出錯的路，為的是見到一個更漂亮的前方。這樣的人生，不是更精彩嗎？

1—01

別把自己困住，變成井底蛙

有機會的話，一定要多認識跟你不一樣，但有相同理念的人。

我們在自己的日常中，太容易把事情，甚至自己看得太大太重要。即使你曾經有多遠大的理想，在往理想進發的過程中，必然會遇上令你煩躁、灰心的細節；然後我們都會很容易讓自己被這些細節捲沒。

傘後的這幾年，眼看政府對很多訴求無動於衷，很多人因此感到沮喪和疲倦。以我這副不願意浪費無謂力氣的金牛思維，我嘗試改變角度，很努力地想從社區建構一些軟力量。除了大家能看見的音樂節、十八種香港的活動之外，我把我的時間都放在建立音樂範疇的系統。

雖然很多人對文化和音樂這一塊不以為然，甚至認為抗爭裡面不需要藝術存在，但我到今天還是堅定地不認同的。

在最壞的時候，極權能以各種方法打壓、迫害、消滅人們。他們能把人們的肉體關起來，甚至殺害，但我們的思維、我們的創意，是他們最無法關禁的。也是因此，他們如此害怕所有用語言、影像和音樂來傳達訊息的藝術家。一首歌、一幅畫、一篇文章，傳達了創作人的想法和理念，一旦被公諸於世，便覆水難收。

就像我的歌曲，被大陸各大音樂平台自我審查下架，而那邊廂，菇徒們卻把歌曲以別的名稱統統重新上載。收到這個資訊後，我很是振奮。這證明了，一個人的行動能影響無數生命，而生命力，總是彈性的。

藝術，在最沒有希望的時候，能提醒我們希望的重要性，能為我們暗暗打氣，令我們不忘記我們在這裡，是為什麼。

1—02

最差的會是什麼？

在你缺乏勇氣去下一個決定的時候，不妨問問自己，最差的可能性會是什麼？

由轉換工作，到感情問題，到更大的決定，其實大部分的恐懼，都在我們的腦海裡。

有沒有試過，要告知上司或是比自己更權威的人一個壞消息，卻一直都打不了那個電話？拿著電話，卻一直在猶豫，按不下那個綠色按鈕？

別看我好像什麼都不怕，我其實是一個很怕衝突的人。平生最不喜歡就是跟別人吵架，因此常常會把必須面對的爭辯拖很久才解決。

有一次，跟一個合作的髮型師，有不愉快的誤會發生了，要親自打電話去說明。拿著電話，思前想後，愈想愈恐怖，手愈抖。一直在幻想對方會有什麼反應，會說什麼難聽的話，自己該如何自辯，要如何讓大家都能下台。結果猶豫許久，終於吸一口氣，死就死，把電話號碼撥出去。結果？什麼都沒有發生，對方當然有不高興的地方，但語氣尚算溫和，大家在一通電話中，把各自的觀點都說明，最後當然還是有互相不同意的地方，但起碼把誤會解開了，也沒有想像中那些灑狗血場面出現。

可見，最恐怖的畫面，通常都只是在我們腦海中上演。

我們每個人都有逃避做決定的時候，但其實當你意識到問題所在，必須做出改變時，通常狀況已經到了不得不面對，很多時候甚至已經有點過遲了。

然後我們都會拖拖拉拉，把必須解決的事延後再延後。這樣的拖拉，在事情的本身當然已經不好，更甚的，是在我們腦海中翻滾的這些疑慮、恐懼，會把我們的意志一片一片地刮走。

拖下去的壞處？數之不盡：壓力過大、睡不著、錯過最好的時機、讓事情往差的方向發酵，等等等等。健康的身體需要健康的心靈，如果不斷有不必要的負擔掛在心上，它慢慢會在我們的身體機能上展露出來。

換個角度，最差的情況會是什麼？不妨這樣試想想？所謂最差的可能，又是否不能逆反？還是，那個嚴重性，只在於是你不熟悉的範圍，和你一路走來的方式不合？但這樣，又是否等於是「好」和「差」的分別？

我曾經說過「Any change is a good change」，我仍然相信這句話。

人生裡面，改變是最不變的定律。有改變，我們才有進步的可能。不變的人生，就是某種停濟不前。

反而，深呼吸一口氣，把必須下的決定、要說的話完成了，儘管結果跟你想像的可能相差甚遠，甚至會有短暫的傷痛或者不適應，也總好過讓猶豫不決的壞情緒在身體裡面打滾。

說不定還有你從未想過的意外收穫呢？

1—03

二十歲

二十來三十歲的你，這是你最有本錢的時候。

不是說青春、外型，而是，你有最大本錢去試、去錯、去跌倒，然後爬起來，選另一件自己感興趣的事，又再來重新一次。

許多年輕人都表示感到迷惘，不知道自己該往哪個方向走；然而，你並不是迷失，你根本就還站在起跑線，根本還沒開始啊！

要知道自己最適合做什麼，就要放膽去試；哪怕「選錯」，哪怕「浪費了寶貴時間」？不要害怕吃虧，更不該處處以金錢和速度來衡量值得與否，要盡量在這個金錢壓力（理應）最少、自己負擔最輕的時候，去做最「沒有保障」的事。

假設我們平均有六七十年的壽命，那花幾年的時間去找出最符合自己的道路，去避免讓自己到老年時才抱憾，最值得不過。更何況，沒有浪費掉的經驗，只有不把握學習的人。

最精彩的人生，往往就在最不「安全」的抉擇中遇上。

P.s. 再宏觀點去看，其實任何年紀的人，這番話也適用。

1—04

沒把握的事，更要多做

沒有人是做什麼都有百分百把握的。

最聰明靈活的人，都總有自己的弱點。能在實驗室找出答案的科學家，可能在運動場上卻是最笨拙、跑得最慢的人；在課室裡面不能專注的學生，長大後又可能是最成功的企業家。

我總是愛挑自己沒有十足把握的事情來挑戰。

告訴你一個秘密：雖然站在舞台上不下五百次，但每次要走到台上說話、演講前，還是會令我口乾舌燥、手心冒汗。

偏偏，我最近接受 HRF 的那個邀請，走上國際演講舞台，正是強迫自己用最不熟悉的語言去解說香港人的狀況。

接到邀請時，固然很振奮，但同時也有十萬個猶豫和擔心。興奮在，能夠得到國際平台的人的關注，讓自己有機會把我們的聲音發放出去；但同時，演講，又是我最害怕做的事情……萬一走到台上時「發台瘟」，在國際觀眾前出醜，豈不是丟了香港人的臉？

最後，我還是接受了挑戰。

到演講前一日，我在酒店房練習，還是一直忘記台詞，而且還緊張到生病了。在上台前的一刻，我的心跳加速，喉嚨乾到好像快要封起來一樣。由第一天坐在電腦前不知道如何下筆，到到達 Oslo 跟 HRF 的團隊不斷改進和練習，直到這一刻，戰戰兢兢走上台把演講順利完成，當中必須下的苦工，還有須要衝破的心理關口，是不為人知的。

但在完成的一刻，那種戰勝自己的滿足感，又是 something else 了。不是為了贏得別人的稱讚，而是因為人生中，其實沒有多少能挑戰自己的時候。若有別人賦予你這個機會，更加應該好好把握。

告訴你，我那段講稿，是在長江大廈的花園平台，用手機 Dictation 錄音功能起稿的。那天剛好跟吳靄儀 Margaret 開完會，臨別前，我告訴她我對於講稿的困擾，她輕輕給了幾個意見，用英文舉了幾句例子。從蘭桂坊走回停車場的短短十幾分鐘，我決定把握機會，打開手機寫作 app，不理文法順不順、Dictation 準確與否，一口氣將一千字的初稿紀錄下（還被蚊子叮了好幾個包）。

以我慣常寫作習慣，要在很有準備、很寧靜沒有騷擾的空間才能專注，如此「唔理三七廿一，寫咗再算」的即興模式，是我從來沒想像過的。而正因為這樣跨出的一步，反而成就了我後來站到舞台上那十分鐘講話的雛形。

一般人面對有可能失敗的事情，為了面子，為了不在別人面前出糗，可能會選擇跳過、拒絕。為求保險，只選擇留在自己的 comfort zone 裡面。但我們的成長，往往不會在安穩和熟悉的環境中找到，總是在自己不十分確定、必須誤打誤撞的環境下，才更清楚看見自己一直逃避的弱點。

或許試了，也不代表你能完全把不擅長的地方改過來，但起碼，在踏出一步的同時，你成功令自己下一番苦功，在自己不怎麼靈活的一塊，作出一些改善。然後再下一次有同樣的機會，你已經不會那麼恐懼，甚至會帶著歡欣的心去迎接更大的挑戰。

膽量就是這樣，從你不熟悉的地方裡慢慢一點一滴撿回來的。

1—05

放下 EGO，放下自己

好像有點互相違背，但要更勇敢，要學會怎樣放下自己的 Ego。

我們不能在適當的時候做出對自己來說最好的決定，很多時候，是因為害怕別人會怎麼看、怎麼評論。

然而，別人怎麼看你，真的有那麼重要嗎？

我們生活在一個滿是競爭的社會，很多表面的事情成為我們之間互相比較的指標：我的收入有多少？名利地位比得上別人嗎？住的地方、穿的衣服、得到的物質和榮耀，總不能比你少、比你差。

害怕自己比別人差、害怕落後於這個代表著「成功」的指標。

在介意別人眼光的背後，其實是自尊心作崇。但這種比較，有意義嗎？

在我的音樂事業的中途，大約在2007年吧，在我得到了歌手最想要的獎項、最大的肯定後，我決定我不想再玩這個數字的遊戲。那一年，我開始在音樂上作出更多題材上的嘗試。在大家都還在製作商業計算很準確的歌曲時，我做了一張很實驗性的專輯《Ten Days In the Madhouse》，並且拍了一套關於精神病患康復者的紀錄片《十日談》。

這張專輯，還有下一張《Superheroes》在商業上不太成功，接著的一兩年，我幾乎在頒獎典禮上絕跡。當然，難聽諷刺的話接著便出現，什麼「捧蛋」、「事業下滑」的字句，在報章上出現。雖然這是我意料中的事，也是有心理準備下作出的改變，但年少氣盛的自己當然多少有點不是味兒，也會怪責別人看不到事實的真相。

但冷靜下來，便知道，自己會生氣，正因為還是很介意別人的想法，還是那份可惡的自尊心。那時會跟自己說，別人不懂你，沒關係，只要知道自己正在走的方向，是為了更遠大的道路而努力，便可以。

而在許多年後，事實證明，當年的決定、當年的忍耐，是對的。當年的轉變，為我打開了後來的許多道門，在單一的商業歌手身份上，添加了更多意義。雖然在別人眼中，因此「流失」了很多名利上的機會，但其實我得到的滿足感，是多少個獎項都無法換來的。

別人的眼光，依靠著他們所認知的事情來定斷，在你決定作出改變、走一條跟別人不一樣的路的同時，必然會惹來許多不理解的閒言閒語。最重要的，是你自己有沒有足夠的理據支撐自己繼續開發下去？若是你的原因夠堅固，那麼別人對妳的不理解，又有什麼重量？

把自己要向別人證明自己的心放開，把那份礙事的自尊心消滅，原來可以走的路更寬闊、更有趣。

1－06

培養勇氣不代表亂來

雖然我看似什麼都不怕，但其實我還算是一個蠻會深思熟慮的人。

在大家認為我很衝動作出一些決定的背後，其實全部都是想清想楚才實行的。

要能勇敢地作出別人不敢作的事，其實付出的，是比別人花更多的時間去思考，用於理解清楚背後一切細節，將事情的底蘊摸清。千萬不要以為，亂衝亂撞就代表自己很勇敢。那只是一種帶著傻勁的魯莽。

要讓自己更有勇氣，其實你必須做的，是多看、多吸收，以及不斷提問。

從九十年代末2000年頭開始有search engine，我手機和電腦現在最常用的網站，就是Google。遇到自己不認識的詞句、名字、事情，不能向身邊的人提問的話，我都會第一時間用手機搜尋。最近因為種種原因重拾Twitter，發現這裡也是很多有用資訊的平台。

不要怕承認自己不懂不知道。不知者不罪，不知道硬裝懂，反而會讓你錯失許多學習、令自己更好的機會。

很多人在長大成人後，便不再好奇，這樣認為自己已經擁有足夠知識的人生，多無聊啊！

求知慾是我最珍惜的一件事。求知慾旺盛，讓你能夠學會很多別人不會的事，在人生軌道上走得比別人更遠。

最近我 search 到最開心的，是如何自己動手煮一種叫 Leverpostei 的挪威食物。Leverpostei 是一種用豬肝、豬肥膏、豬肉、蛋、麵粉混合起來的一種醬，亦是我小時候在 Montreal 很愛吃的一種食品，每次回鄉，或是到北歐旅行，都一定會在超市買來吃。許多年後的今天，心血來潮 Google 一下，發現其實是可以自己製作的。這是多讓人歡欣的一個資訊！

別小看這些小事啊。由這種小事，可以引發更多更寬闊的知識。

有了知識，你便不會被環境和別人的狹窄規限，在遇上難題時，也會懂得自己去找尋答案，不會單靠別人的意見去定義自己的可能性啊。

2 —— 照顧自己

2—00

訂立專屬自己的空間

在往目標邁進的同時，我們總是會忘記留一些時間給最重要的人。那個人，就是自己。

無論那個目標是大是小，我們為了早日到達那個目的地，很容易就會把自己的生理或心理健康都丟在一旁，一心為了把事情做完、做到，卻往往忘記了，若要把訂下的事情完成，「我」就是能幫助自己的最強武器。

在這方面，我也正在努力學習。

在學會套用任何措施之前，第一個步驟是，先說服自己，那個專屬自己的時間，其實跟每日分配時間去吃飯、洗澡、處理工作、幫其他人解決疑難，是同樣，甚至更加重要的。

我是一個非常心軟並且不太懂 say no 的人。每當工作夥伴或是友人有問題要解答，需要我分配注意力給他們，我一般都會盡量安排，或立刻把自己的事情推後來應對。當然還是有很緊急的工作正在忙，不能分心的時候，但在不算緊急的情況下，很容易就會把自己放在比較次要的位置。

遇上大型活動，事情堆在一起全都很迫切要處理，更加是廢寢忘餐。早年的自己還年輕，還能用意志力和 reserve energy 來拼過去，但事後必然五癆七傷，有時忙到不止身體，就連心靈都受到耗損。

愈年長，愈知道，留一些必要的空間給自己，不單止是一種休息，更加是一種重整。

人類是執著的動物。但在你正在專心一意的時候，往往就有很多事情冒出來把你的計劃打亂。例如，你正在進行一個計劃，而計劃當中其中一小部分，就是希望生產一個什麼形狀、顏色、品質的產品。結果在製作過程中，發現造價比想像貴了三四倍以上；但又因為早已在心中訂下這麼樣的一個意願，令你認為不得讓步。

最後浪費在解決這個問題、那個執著的時間，比起整個計劃的時間還要多。

這是因為，在向前跑的同時，我們總是被各種細節捲走，令自己失去原有的視野。

為自己劃好一個專屬自己的空間，就是讓你在最忙亂的時候，也必須停下來，檢視一下自己每一個決定，是否跟那份最原始的初心接軌。

任何額外的、不需要的執著，就應該在這個時候卸下。

養成一個能埋身肉搏，也能遠距離觀望的自己，才有適當的柔韌度。

2—01

喝水喝水喝水

養成多喝水的習慣，是你能送給你身體的最好禮物。

很多人在很累、熬夜後，總是會選擇喝很多咖啡讓自己醒過來。其實，在這些睡不夠的情況，讓你能解除疲勞的最佳方法，是不斷灌水。讓身體補充水分，也能透過喝水把疲倦排走。這時候喝咖啡反而令自己更難集中精神，並且愈來愈累。

我從半年前開始強行養成這個習慣：每晚睡上床前，都會到廚房盛滿一個保溫瓶的溫水，放在床邊。這樣每天早上起來，什麼都還沒開始做之前，屁股甚至都還沒有離開床鋪，在伸手可及的距離，便能拿起瓶子，咕嚕咕嚕把整瓶水喝掉。

這樣一來，一天四分一份量的水已經處理掉。

用保溫瓶的好處，第一，是水不會冷掉。第二，份量一定比一杯水多。

人體在睡覺的時候還在努力為我們工作，整晚流失的水分，若能在起床沒多久便補充回去，對我們的好處實在多得很。

還有很多情況必須不斷喝水：生病、失聲、各種敏感症狀、搭長途飛機、等等。社會的共同意識讓我們認為生病，吃藥是最好的方法。其實最好的良藥一直就在我們每個人附近，而且是免費的。

而且，有個贈送的意外收穫，喝水能讓你皮膚超好！

2—02

規律生活對我的幫助

如何從天亮才睡的創作人變成朝8晚12的上班族。

做創作的人（尤其是年輕的創作人）一般都會認為，要早睡簡直是有違創作者的人體結構。夜闌人靜，靈感之神才能現身，把好東西灌注到腦袋裡去。「靈感晚上才會來」，是普遍唱作歌手、音樂人、設計師等深信不疑的真理。

這是，直到三十多歲前。

作為入職接近二十年的歌手演藝人，我也曾經是過著天亮才睡的日子。自由業就有這個好／壞處，時間自己定，早上不用上班，weekdays weekend 對我來說完全一樣，公眾假期對我來說也意義不大。除非有活動、工作等，否則絕對不會在凌晨三點前爬上床去，睡醒也已是上午十一二點後了。最誇張的時期，記得是剛剛流行「追日劇」，看什麼《Long Vacation》、《Beach Boys》VCD，一追就是五六集，天亮了，早上六七點才睡覺，起床已經是下午三點。寫歌寫字，也是在晚上才能有心情做的。

這是我認識大部分歌手和創意產業成員的一般作息，大家都這樣啊，沒什麼大不了，吧？

錯。

踏入三十多歲後，慢慢發現，原來上天的帳目還真清楚，就如借大耳窿（高利貸）一樣，你透支過的，總有一天要倍數償還。

過了許多年的顛倒生活，你會漸漸發現，身體的機能並不如前，各種大小毛病隱隱浮現。

到了近年，工作模式大變，從全職歌手，變成要自己管理和策劃自己唱片公司一切運作。以前那種純創作的生活已不復再，現在各種工作安排、人事、管理、帳目、宣傳、推廣、入貨、設計、策劃都是要自己處理妥當。

這種同時要使用左右腦的工作，壓力之大，前所未有，已不容許像以前那種任意妄為的顛倒生活。一天二十四小時，扣除睡覺的七八小時、吃飯的兩小時、交通的兩小時、早晚梳洗的一兩小時，還有不小心浪費掉的兩小時，剩下就大概只有八小時，完全不夠用啊～！

如果希望盡用每分每秒，首要改變的，就是作息時間。要保持完全機警的腦筋，必要盡量早睡早起。我每次到針灸醫師治療，總會被唸，「一定要十一點前睡覺，才能養肝啊！」。老實說，要十一點還有點距離，現時最早大概是十二點多一點睡，已是極大進步。

無論幾點睡，大概八點半就會自然醒。醒來後梳洗後，就會到樓下陽台拉筋5分鐘，再跳繩20分鐘。聽起來不是什麼，但相信我，這樣的運動量，已經足以保持體格健康，並且讓自己一整天都處於頭腦清晰的狀態。

以前亂吃亂喝的習慣也要改掉，零食和加工食物盡量少吃，鹽和糖也減少，新鮮食物吃多了，自然就沒那麼容易累。

要把手上十萬樣工作做完，不能急也不能貪心，要一天為自己定幾個能完成的小任務，最好用紙張寫下來，比較容易專注。這個部分下篇再分享。

更改了這些生活細節，會發現能用的時間好像多了，專注力也變好了。

從前覺得不可能的事情，現在輕易就做到了。以前同事有要事要找我，起碼要等到下午一點我才會現身。現在倒是，要我晚上上台唱歌，唱到十點左右已經開始覺得睏倦了，更別說要通宵捱夜了。

所以說，一切都只是個 mindset 啊。

我是如此對抗瘋狂生活節奏的

我對露營的最深印象，是一塊在柴火上烤的豬排。那是我一生中最美味的記憶。那年18，秋天的Montreal，跟一群中學同學一起開著剛考到牌的車，一行十多人，到了一個樹林旁，紮起營來。

加拿大不流行BBQ，沒有燒烤場燒烤爐燒烤炭燒烤叉，要煮食保暖就真的要從零開始搭營火。出發前，我們已把家中的好十幾根火爐大木頭搬到車上，各人安頓好，便四散出發去撿柴和枯枝，用最原始的方法，生火。其他很多細節都忘記了，到底晚上是怎麼度過、睡在哪裡、跟誰講過什麼，都有點模糊，就是很記得那個火和那塊烤豬排，是我用兩條樹枝插著慢慢烤熟的。混著柴火的煙燻味，成為我中學時代的memento。

回港後，還是很野生，但過往礙於藝人身份（自以為）的不便，倒是沒什麼機會和動力去露營。前年許多改變讓自己變得比較在地，剛好跟工作夥伴聊起，原來正要和朋友組團 camping，毫不猶豫便舉手報名加入。

又是一行十幾人，當中只有兩個是我認識的，但既已決心開拓這個範疇，顧不得靦腆，硬著頭皮加入。一班人鬧哄哄，吃早餐買食物，出發到碼頭，很青春。坐船到達隔岸的營地，發現碼頭旁的地點已塞滿各團體家庭（又是土地問題），決定走到山坡上的位置去紮營。

這群新朋友似乎經常組團露營，技巧純熟。各人先行紮起自己的帳篷，我的是單人營，有點像給我家貓大人阿 gee 睡的 size，還好我腳長但沒腰，勉強塞得進去。男生們嫌爐太遠，決定搬石另起爐灶；各人自定崗位，有大廚有二廚打雜礦工女工，我是實習生，暫且不露出我燒烤之星的真身，先從旁觀察學習學習。

這趟經歷愉快，雖不是跟相熟朋友去，過程中又遇上橫風橫雨，友人受傷扭到腳，帳篷因為太小而且設備不足而入水，睡到早上醒來半個睡袋濕掉，但整團人的簡樸、互助互愛，晚上的集體遊戲，早上起來再生火煮早餐開我的野外菇 café，跟大自然接軌的寶貴時光，足以讓我一直回味。野外露營範疇，順利解鎖。

我是切切實實一顆野生菇。近幾個月忙到頭昏腦漲，腦袋有點動彈不得，工作卻排山倒海地等著我處理，旅行放假遙遙無期只能空想。心想這樣下去也不是辦法，故此決定為自己安排多一些需要動手動腳去進行的活動，清清雜亂。

露營這件事是有趣的，跟其他節目不一樣，你並沒有什麼終極目的，因為那求生的過程就是目的。紮營、生火、煮食、擋風避雨，一切回到生活最原始的衣食住行。那些平常用科技用錢能解決的問題，在這裡統統歸零，人人平等。到了深山野外，設備就身上帶的那麼多，遇上大自然給你的難題，你必須靠本能去應對。一切沒有即時，每個步驟都需要耐性，重拾在我們生活中已變成奢侈的「慢」，慢慢做，慢慢感受。

香港人從小就不習慣休息，對於「慢」有種天然的不安，總覺得休息等同偷懶，放慢等於落後於人。但是，我們的世界太瘋又太快了，無稽的人和事無間斷地湧現，若你一直24小時跟著它的節奏去跑，只會換來筋疲力盡。責任歸責任，但真正有責任心的人，會懂得如何照顧好自己，也不能只靠出走旅行，而是在日常裡面為自己配給時間，找方法補充和舒緩，可以是種植，可以是自己做麵包，可以是露營。當然，下山回到鬧市，社會上的一切還是如常，世界還是一樣怪形怪狀，但差別在於，自己又有力再衝一段路了。

別害怕停頓，別忘記休息，別為享樂感到內疚。為自己好好分配時間，玩樂時盡情玩樂，工作時盡全力去衝。適當時遠離一下風暴，回來時，才能看得更遠。

2—04

身體是我們最強的武器

年輕時候總是亂吃亂喝，為了節省時間，將最不健康的食物都送進嘴巴裡。結果身體越來越差，各種急性慢性長期病患統統在漸漸年長時湧現。

其實我們根本不是不能專注也不是肥胖，只是一直加了不對的能源進身體。開車的人也懂得使用比較好的電油，免得汽車出問題，為何我們卻對自己的身體完全缺乏同樣的愛護？

人都是這樣的，總是在出現了問題才懂改過來。你是，我也是。

這個我最懂了，我是如此「為食」的一個人，以前最愛的食物首位就是「午餐肉」，什麼其他餸菜都不需要，四片煎得香脆的午餐肉就能配一大碗白飯。零食也是，遺傳自菇母的，年少時一大包加拿大裝的薯片芝士條，一個下午就可以掃清。

二十多歲前這樣亂吃當然不會發現什麼問題，但人到接近三十歲，便開始出現問題。也不只是肥胖，而是各身體機能也隨年齡下降，最初認為是職業病、體力透支，後來發現放什麼進嘴巴才是最大問題。

加工食品說明是加工的，各種化學物質被加進去，身體每天都已經加班工作，消耗更多能源去應對，還哪有力氣留給你？難怪我們每天都那麼疲累，腦袋用一下就覺得卡住卡住，做什麼都好像提不起勁。

吃得健康等於虐待自己，不吃油炸物只是為了減肥，這種舊式思想必須要改過來。吃得健康，是為了讓自己更有能力。

最近開始一個健康飲食餐單，當然不能完全免卻吃垃圾食物的時候，但在容許的情況下，盡量會自己煮食，煮食的時候盡量少油少鹽少糖，或者用豆類來代替肉類及澱粉質。並且一定要吃早餐，多喝水。

減肥餐單自問試過無數，從完全不吃餓死自己、少食多餐、完全不吃肉、蕃薯餐奇異果餐，去到最後發現其實只要不過量，盡量吃新鮮食物，根本不需要什麼餐單，吃什麼都可以。

我沒有轉為吃全素，因為身體機能和工作需求上，偶爾還是需要一點肉來提供能量，但其實越年長，身體對肉的需求也逐漸減低。現在在家吃飯都比較少吃肉，頂多買一條魚來清蒸。通常在外出或是某些不吃不行的情況（例如我最愛的串燒牛舌）下才會吃葷。但也不是硬性規定的，會因應心情和環境而定。

忙碌中最容易回到亂吃的狀態，這時不必太怪責自己或強迫自己一定要跟著路線圖走，反而預先計劃和準備就最為關鍵。還要不斷鍛煉意志，告訴自己一失足吃了一餐麥當勞便必須用一個禮拜來恢復精神爽利，算一算這個交易值不值得。

當然我們也是人，偶然放肆一下也不至於世界末日，垃圾食物偶然吃一次讓自己心情愉快的話，就吃吧。不要過量或讓壞習慣持續下去就好。

最重要是找一個自己能持久地進行的方法，並且維持下去，在必要時候也要懂得變通。

我們常常誤解健康飲食只是為了減肥變靚啲，然而其實放什麼進身體，直接影響你的精神、健康、專注度以及工作能力。

為了有更好的能力，來改變自己的飲食習慣吧。

2—05

抗爭中的自我照料

這陣子周遭氣氛緊張，一個禮拜的抗爭過去，卻不等於就能鬆懈，才幾天，學生們又要再次跑到街上去。

就算不是最前線的人，不等於就能安享其成，還是時時刻刻查看手機，生怕半小時不看新聞，就又有什麼悲劇發生。

某位友人Y，在 Facebook 上正是如此寫著：

「其實好攰，你估抗爭好玩咩，日日 mon 住資訊好易嗎？愈睇愈 depress，要有非常強大的心理建設才可以頂住那些超乎常理的事情，不看又怕錯過了一些 critical 時刻。

連續一星期外吃，其實我會死，生存意志何其低，但整個六月彷彿就是這樣，沒心情煮飯，外吃都懶，不想出外，怕見人，有一餐沒一餐，亂吃亂睡，寧願把力氣儲著，怕唔覺意聽到一些陌生人的閒言歪論會大崩潰。其他時間忙著行動，不行動時，想收拾心情工作，但好難專心，檔案開了就呆著，陷入自責內疚慚愧漩渦，嫌自己做得不夠，未能兼顧日常，付出太少，同時要處理自己和他人的情緒。」

我回答，愈是要抗爭，愈是要吃得好。

「我地一定要重組生活規律，將兩者融合，起碼食同訓兩樣一定要做好。照顧好自己先有力去思考如何抗爭。」

這是新的一頁，舊有的「抗爭是抗爭、生活是生活」想法，似乎已不合時宜，是時候來個大革新。

畢竟生活還是要繼續的，如何在長期抗爭中兩者兼顧？工作還是要進行，放下了一個禮拜沒有完成的事，也要追回來，一直這樣斷斷續續地拼命趕也不是辦法，這種亡命生活維持不了多久。

因此，我們在最基本的生活條件上，一定要盡力做好，不能馬虎。

吃得好的意思，不是要吃什麼山珍海味，而是在容許的情況下，盡量吃新鮮食物，多蔬菜、少肉、少鹽少糖，加工食物不要碰。在忙亂中，最簡便當然是吃快餐食物，但那其實是會令你整個人提不起精神來的計時炸彈。吃多了，會令自己思想負面，整個人好像多了一顆鉛球在體內，走也走不快。

一個禮拜可以花個兩小時，到街市買一些麵條、瓜類、番茄、地瓜、馬鈴薯、玉米等放久了也不容易變壞的食物。菜類比較難放得久，比較不容易壞掉的可以選擇椰菜，或是一些冰鮮並且已經煮熟的西蘭花、豆類等。

這樣，在最忙的時候，也可以隨手在冰箱裡拿出幾樣蔬菜，十五分鐘就可以煮好一個麵，總比在外面吃下許多防腐劑和味精好。

試試看吧，兩個禮拜後告訴我身體感覺如何。

2—06

累了，就休息

世界節奏越轉越快，我們一邊拼命追，越追越覺得要追的事情永遠追不完。這樣的循環，讓人們愈來愈覺得自己剩下的都是「不足」。

電視廣告告訴你你還沒有賺取到的、朋友間的炫耀讓你認為你需要更多、就連五六歲的小孩，都不斷被告知絕對不能停下來，停下來就會輸掉辛苦爭取來的起跑線。

還有環境中你無法改變的事情，各種不足和無力感，讓我們累積成不同程度的精神壓力和情緒病。從小便被大環境中的忙碌蠶蝕，讓我們認為停下來的人，就是懶惰；有事情決定了，然後最終因為各種原因做不好，就是失敗。甚至，在提出問題的此刻，不能即時看見答案，就歸咎於自己的無能和失敗。

這種心態，令每一個人，無論多吃力不討好，都好像要跟著別人的步伐繼續撐下去，絕對不能停下來。許多人都捱壞了，有些更極端的會往洞裡掉，一去不返。

從來沒有人正正式式的告訴我們，累了，其實是可以休息的。

人都是很急的生物，香港人為甚。我們最懂得如何往前衝，就算多筋疲力盡，還是可以在某個深處拿出後備的電池。但從來從來，沒有人教過我們怎麼停下來。

而其實，懂得在適當的時候，讓自己停下來，這才是真正懂得去盡全力的人。

在自己已經累到快不行的時候，還要強迫自己死撐下去的，那是一種蠻力，我曾經就是最好的例子。

「鋼鐵是怎樣煉成的」，就是我早年橫衝直撞的寫照。那些年，執著、逞強、不懂照顧自己，讓身心都捱壞了。

2011年開始巡演《賈寶玉》的那段日子，是最嚴重的。

三年跑了三十多個城市、演了109場。第一輪在香港，連續的20場，夜晚演完明天又再連接下一場，當中兩個禮拜更是全部加上日夜場。那部戲，主演的是我，每一場三個多小時，幾乎沒有一幕是沒有我的，就算跑到後台，也是要立刻換衣服，換完緊接就要跑回台上。

更傷的，是心靈。那是一部講宿命的戲。

那時年紀尚輕，對任何靈修的部分都還沒有接觸過，一切就靠自己去領悟，當然就不那麼成功了。

通靈寶玉，被女媧掉落到凡間，看盡人世間的苦。當中的人們，無論是寶玉本身，還是金陵十二金釵，命運早被寫進正冊的判詞中。各人統統努力嘗試走出這個厄運，卻怎麼也還是循環在這種無奈中。在我們的版本，寶玉得到機會重遊大觀園，儘管已經掌握了劇本的流程，卻怎麼還是無法改變種人的命運。

那時自己的生命中也遇上許多不同的打擊，感情上、朋友之間、恩師的離開，一切都不在我能夠控制的範圍中，都令我認為人生就是如此充滿著無奈。

沒有正視自己的情緒，還有日復夜的身體透支，讓我整個身心都出現了許多自己都不知道的問題。脊椎整個歪掉了，整個人浮腫不堪，每次喝醉了就會大哭，心裡的憂鬱無法釋放出來。每一晚的演出，我都必須用上四分一支藥膏像太陽油般塗滿全身才可以勉強把一場演完。

直到某天我做了一個夢，我看見自己死了，漂浮在空中，看著大家圍著我的屍體做了許多事，而我在觀察著。

事後，和解夢師友人夢妮坦說起，她丟了一句：「哇，妳到底塞了多少東西進妳的身體裡？」

她介紹了一位台灣瑜珈老師給我，著我快點去找她治療一下，到了才發現是個氣功老師。

這是2012年的事，35歲的那一年，就這樣誤打誤撞，我步上了學習照顧自己心靈的道路。

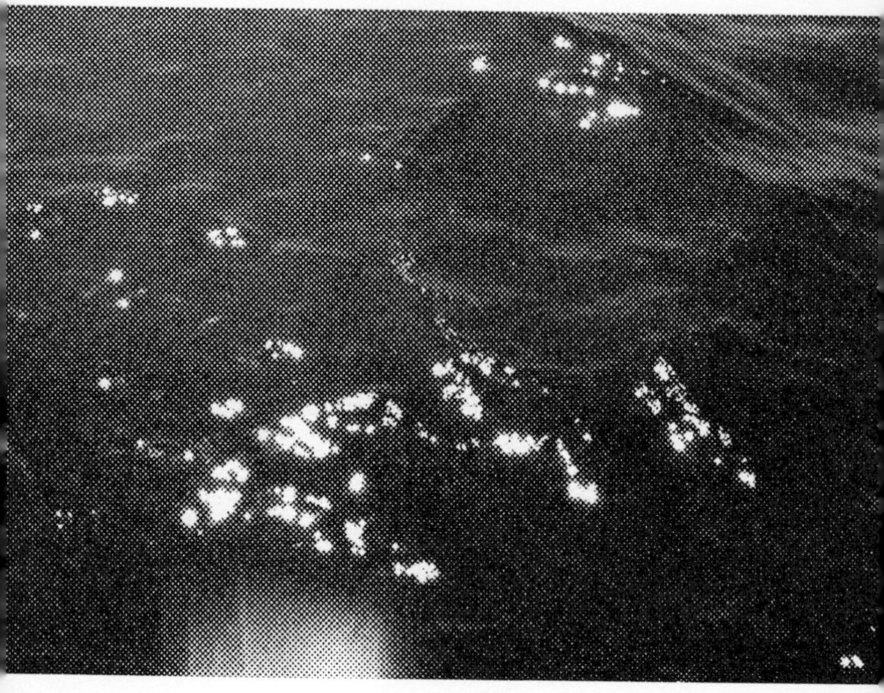

3 —— 減輕重量

3—00

防止旅行購買大行動

有沒有這樣的經驗？

去旅行期間，到當地各式各樣的特色小店逛街，沿路忍不住買了一大堆東西。把「戰利品」放回酒店，甚至到收進行李箱的那一刻，還是滿足感滿滿的。但坐完飛機，回到家裡，把塞到爆的行李一個一個打開，整個家的地板和空間都被這些新物品佔滿，根本不知道可以收到哪裡去。再看看這些外來物件，「戰利品」的「戰利」成份，好像已經沒有那麼強烈，甚至開始覺得其中有些是不是買得太衝動了些……

承認吧，我們都是衝動的。在新鮮環境、新鮮空氣底下，總是會不小心買下許多其實不那麼需要的東西。當價格變成外幣，在自己城市根本不能負擔的東西，各人瞬間變得豪爽起來，好像在外地花的錢不是錢一樣。

試想想，這麼多年下來，旅行時買的無謂東西，有多少是後來真的用得著？加起來花過的錢，大概夠付好幾個月的租金了。

還沒算因為怕良心過意不去，硬買給朋友的手信；你猜當中有多少件是對方真正能用上的？

事實上是，我也年輕過，我也知道衝動購買的無窮樂趣。叫年輕的你想得那麼長遠，難度似乎又太高，那倒不如把這個當作說給三十歲後的大家的忠告：

下次旅行時，想 impulse shopping，不如想想回家後那個滿「地」瘡痍的慘況。

想想家裡那些已經逼到紙都塞不下的櫃桶，想想你那些收到無謂手信的朋友們家裡的櫃，想想回到家什麼多餘物件都不用收的美好畫面，可能那股衝動就能被暫時按下去了。

買給朋友的，也可以按照以下這個原則：看到某樣物件，會想起某個朋友，而你能百分百肯定對方用得上／真的會喜歡。符合這兩個條件的，才能下手購買。但凡因為「要有手信」、「好有趣啊」、「他有可能會喜歡」之類的無謂原因，統統不合格，紅燈，不准買。

最近到挪威，沿途也有幾樣物件令我心動想買下的，有一些camping的店是我有想過逛逛的，但最終還是用以上的方法說服自己別貪心，成功帶著原裝重量的行李回來。

當中也有例外，就是食物和食材，因為食物算是生活必需品，也是消耗品，能用肚子毀滅掉的，不算真的佔空間，可以適量地買。

空間其實比一切都昂貴，省下胡亂購物的錢，還能省下空間啊。

減少你所擁有的重量——開始篇

人的天性就是愛擁有東西，尤其在初踏足社會，經濟能力開始好轉的時候。

在我二十來歲，回香港定居數年後，開始染上收集小物的習慣。Roleplay Kewpie、Mini Cooper 模型、書籍、貼紙、Playmobil、有關 Queen 的收藏品，什麼都想據為己有；那份追逐的心，甚至蔓延到往 eBay 搜羅，遇上很想要的特別版，更會特地高價投標買回來。家裡有一整面牆的櫃，佔了四分三都是這些。

有次與友人到東京四天，當時正興起日風，什麼《Long Vacation》、《Love Generation》的日劇潮，加上 Google maps 的出現，大眾開始可以不跟團，自行到日本。到那邊逛街，總是被小店裡的新奇玩物迷倒，我也不例外。買啊買啊買，一個行李箱放不下，要多買個袋子把東西裝回來。

還有書。從前誠品還沒進駐香港，在香港要找特別的書，只有到 Page One 捱貴價書。一有機會到台北旅行，少不免去敦南朝聖瘋狂掃貨。我又確實是個愛書人，全盛時期，根本不管書中內容，看到喜歡的封面設計，大大小小、特別釘裝、Hardcover、套裝，統統先買回來，純粹為了滿足那擁有的慾望。

後來要搬屋，把那面牆櫃翻開，突然驚覺這些辛苦買／托／投標回來的東西，在塞進架子裡，關上櫃門後，幾乎從來都沒有拿出來看過，有些甚至已經忘了它的存在。

那刻我想，與其把這些曾經的慾望都搬到新家去，不如果斷捨棄，為自己騰出更多空間？

結果，我和 Doo，花了三天的時間，把整個 collection，加上不再穿的衣服、品牌公司送來的鞋子、禮物，整理、分類，再決定哪些放棄、哪些保存。過程如此漫長，不只是因為物件眾多，而是每一盒、每一件收藏品，都是帶有某年某個自己的痕跡，在回憶那個自己的同時，也算是與那些自己的一個告別禮。

聯絡上有一個鋪位的友人，安排好一個禮拜的租借費用，我們開了一個臨時舊物店，存貨在三天內被菇徒們沽清。

要毅然捨棄自己認為擁有的東西，當然不容易，但當想起這些早已被打入冷宮的收藏，也許能為另一個新主人帶來全新的快樂，好像又沒那麼難放手了。

然後，回到家，物件少了，騰出空間多了，很神奇地，好像連自己都感覺輕盈了許多。

3—02

減少你所擁有的重量——持續篇

後來，去旅行、公幹、逛街等，看到抓住眼球的東西，都需要時時提醒自己、鍛煉不隨便購買。

當然改變也沒來得那麼輕易。例如走進書店，是最容易陣亡的地方。

後來為自己發明了一套防止自己亂買書的方法，就是看到喜歡的、想立刻買下的書本或其他東西，先把它放下。是具體地，把書本放回書架上。

然後讓自己繼續在書店裡逛，再看到想買又不是很確定需要的書，又放回去。這樣拿拿放放，大概會跟十多本書短暫連接上吧。

直到逛到差不多，要拿書去結帳了，看看自己還能記起哪幾本，就買哪幾本。有時甚至會在最後的佳麗當中強迫自己再減走一兩本，這樣下來，通常都能由十本減到三四本，成功率達60%。

人都是善忘並且衝動的動物，所謂的 impulse shopping，就是會讓自己把不是那麼需要，並且買完肯定會後悔的東西帶回家。讓自己有一個緩衝期，儘管那只是一個短暫的十幾二十分鐘，也能有效地把不需要的過濾掉，只把最有意思、最能留下痕跡的帶走。

不亂購物，除了能讓你省下金錢，也能把專注力更精準地集中在你所擁有的少量物件上。

3—03

減少你所擁有的重量——禮物篇

就算你自己不購買，有一個堆積物件的源頭總是很難避免的，就是別人送的禮物。

作為公眾人物，我所收的禮物量又是平常人的十幾倍之多。早年菇徒每年的生日禮物、手作手寫信不在話下，還有其他歌手、唱片公司的新專輯、各大品牌公司定時送來的產品、試用品等等。只是鞋子和衣服，每一季就有起碼十袋以上。

久而久之，被努力清空的空間又塞滿了。

最麻煩是，許多被送來的物件，説很喜歡又不是、説很不喜歡又不是，用又用不著、丟掉又好像很可惜，尤其歌迷花了幾天幾夜特製的手作，是最不知道怎麼處理的。

我曾經也是歌迷，也用過兩個月的時間為偶像的30歲生辰摺了三千隻紙鶴，對於歌迷的心意不是不領情，但香港空間也實在有限。當年每年生日就多少有點擔憂，歌迷會生日派對後，總是要把四五個大垃圾袋的禮物運回家。早期為了解決空間的問題，甚至專門租了迷你倉用來存放。

後來認真想想，這樣下去也真的不是辦法，終於想到解決方法。在我三十歲生日的那年，向外宣佈，我從今天起不再接受任何形式的禮物，朋友也好歌迷也好，統統不用再送我任何東西，如果想表達心意的，可以把錢捐贈給任何慈善機構。真是一舉多得。人家又不用操心送我什麼，我也不必把沒有用、浪費資源的東西帶回家。

看看我們周遭，其實我們都擁有太多東西了。

有時去個長旅行、或是幾天幾夜的露營，都會驚覺，原來我們只需一個行李箱，甚至一個大背囊的容量，就能解決生活上所有所需。而且感覺還如此輕盈和實在，並沒有覺得有什麼缺少。

那麼家裡的林林種種，到底是為了什麼而必須擁有？是因為別人都有，我不能缺？還是要用財物來證實我們的價值？

3－04

身邊的重量

有些重量，是從周遭的人而來的。

我是個不太會拒絕別人的人，口硬心軟，因此一般如果不是自己忙到睡都沒時間的話，否則有人問我關於自己事情的意見時，很難狠心推卻，能幫的都會盡量想辦法去幫他解決。

尤其是輔助性的工作，總是希望可以幫到一些缺乏照料的同行，看到他們做自己的事亂成一團，合約又不知怎麼看、宣傳又亂丟錢，我就會很自然地想主動幫。

但這樣的結果，是自己完全沒有時間做自己的事，真正重要的事。

然後我明白，我必須更有效地運用自己的時間。而第一件事，就是要減少這種身邊的重量。

我們都有搭過飛機，聽過起飛前的忠告：「乘客請先照顧好自己，才照顧其他同行小孩。」先戴好自己的氧氣罩，才有資格幫別人去戴他們的氧氣罩。要不然兩個一起缺氧而死，又或者小孩沒死你卻死了，也都是一樣的悲劇。

要真正在一個集體裡發揮到最大效用，就是每個人都先照顧好自己的基本需要，再看看自己有多少餘額，看看自己可以分配給多少人。

減少身邊的重量，除了自己伸手出去的部分，也包括別人把手伸進來的部分。

你有沒有一些好友、家人、親戚，總是喜歡來就你的言行舉止起居飲食發表一些偉大意見？你一言、我一語，在沒什麼大事發生時也還算了（其實也不能說算了，哈哈），但在重要時刻，就必須要由你親自做出最重要的決定。

如果凡事都要問准所有人，我可以跟你擔保，你這生什麼都做不了。

因此，你必須從日常生活裡，鍛煉出一種果斷，不理會別人指指點點。練習的方法眾多，但最基本的，對我最有用的，是打坐。在僅有的時間去幫自己關機再重開，這種連結天地、呼吸的方法，可以令你看事情的方式更剔透。在眾人都被霧籠罩著的時候，你能一手撥開雲霧，讓真正的答案浮現，每一刻。

許多人做事不能令人信服，就是因為缺乏了這種快刀斬亂麻的果斷，所有事情都拿不定主意，要別人去幫自己完成和決定，結果什麼都做不了。

要真正的輕盈，必須將自己設定為某些重要時刻的中心。那當然不是說要自私自利地去做決定，而是在大家需要你這麼做的時候，就可以拿出不受別人影響、唆擺的這種果斷。

這也是要靠各種方向的鍛煉，例如擴闊眼光，知道更多事情的來龍去脈，以便自己能在有效的時候，有更多的資訊能助你去做出最好的決定。

知識就是財富，知識就是淡定，總錯不了的。

生活規律由放好一件東西開始

從小我就是一個不怎麼愛整理、愛簡約的人，那是家裡習慣形成的，也是天性。

我是那種但凡喜歡上什麼，就會一頭埋進去的人，最經典的例子，莫過於青春期對我師傅／偶像梅艷芳的迷戀和崇拜。

在加拿大房子大，我和我哥哥何丙各被分配一個屬於自己的房間。那年我剛好重新迷上梅姐，每個禮拜都會到唐人街把有她的唱片、卡式帶、雜誌和報紙買回來，有時連只是有她名字的雜誌，都要收藏。

回到家裡，會像教徒般、很有規律地把她的照片、訪問都小心剪下來。剪報貼到相簿裡，獨立的照片，會先用包書膠自行過膠，然後逐一貼在牆壁上；最誇張是，連只有她的名字也要剪下來，收到鞋盒裡。幾年下來，整個房間上下左右塞得滿滿，四面牆壁，完全看不到原來的牆紙，就連天花板都被佔據了。

現在回想，真的有點瘋，有點像電影《愛你愛到殺死你》裡面的黎耀祥，我爸媽那幾年應該是多少有點憂心吧。

也能想像，這麼愛把東西儲存、收藏……東西多，也就很難整理了。

這種混亂的日子過了十幾年，直到三十多歲的某一天，狠狠清理了許多收藏品，突然發現空間整潔與頭腦清晰的重大關係。

但陋習不是你想就能改過來的，有些習性是慢慢被 programmed 進體內，要改過來就要有些小法門。

以前很討厭整理家居，那是因為日常累積太多沒清理的小事情，堆啊堆的，漸漸不知道從何入手。

然後我就想，既然太大的動作做不了，那就從一小步開始。

喝完一杯水、吃完一份早餐，杯碟用完了，就立刻拿到廚房去。以前拿到廚房可能隨便放下，心想遲些再算，結果又累積到不想處理。

那麼更正過來的做法就是，每用一樣，立刻洗一樣。

家裡書本多，總是到處都堆滿一疊疊想看但又沒有時間看的書。定期把看完又不會看的書整理，送給別人好、二手書店也好，然後把還想保存的好好整理一下，以後每拿一本，就放回一本，頂多讓自己有五本的 buffer。

空間整潔了，你會發現自己也沒有那麼容易煩躁，思想也更清晰。

這樣的生活，當然還是有漏洞，還是有鬆懈的時候，例如每當有大 project，每天很晚回來很早出門的話，就又會慢慢亂起來。但起碼在日常自己能應付的時候，養成把東西立刻處理好、放回原點的習慣，也是一種對自己紀律的鍛煉。

3—06
關於《金剛經》

我從去年年中開始唸經。每天早上，無論多忙碌，都會花十五分鐘好好坐下來唸一遍《金剛經》。後來晚上如果有時間，也會加唸《藥師佛經》。

唸經，其實不一定是連接宗教，更不是迷信，不是求神拜佛去保佑你。而是在經文中，你能得到看破多餘煩囂的錦囊。

佛經裡說的，特別是《金剛經》，都是關於人生，即我們凡人的執著、貪念、主觀理解中的「真實」，以及這個「真實」以上存在的另一個解讀。

經文說難不難，說容易也不容易，但肯定的是，一開始總是會覺得字字都讀得出來，卻沒有一句是讀得懂的。但這個也不重要，先用讀誦的方式去適應裡面的氣氛，時機到了，就會有人和事的語境出現，讓你「叮！」一聲，就突然懂了。

我的經歷是這樣的。因為好友的離去，我開始接觸這部經。一開始有一種莫名的抗拒，但因為法師的要求，我們一眾親友，每隔七天就到她的家去集體讀誦此經。開始唸的時候，很卡很卡，幾乎是每唸五個字就卡一卡的程度。那時我已經有自己打坐和唸誦另一個咒語的習慣，突然要改變本來的規律，顯然是身體的天然抗體影響腦電波。

但為了大局，還是跟著大家一路堅持下去。後來完成了七週的聚會，想一想，把其中一本經書帶回家，堅持每天持續唸誦。結果漸漸由最初的不順暢、唸到很煩躁的心情，變成越來越純熟。由四十分鐘才唸得完，到三十分鐘，然後現在大概十五分鐘就可以完成。

到此時，對於經文所說的，其實也只是似懂非懂。但漸漸發現因為每天讀誦，整個人的專注力變好了，身體也似乎變得更強壯，整個人的工作能力更強，變得沒那麼容易被負面情緒動搖。

聽起來很迷信是不是？但其實依我看來，這都是有科學根據的。

在一個生理的層面上，唸經就像打坐一樣，強迫你在忙碌的生活節奏中，放下手上所有貌似趕急的事情，坐下來，專注地把自己集中在一件事情上面。單單是這種專注力的重整，哪怕只是每天十分鐘的時間，對我們塞爆的腦袋已經是莫大的幫助。

事實上，那可以是什麼經文、什麼文字都可以，只要是正向的。你可以不斷唸誦同一句自創的鼓勵字句，例如「我今天一定能好好過生活」、「我是獨一無二的，我會相信自己的能力」之類，也能達到某種靜修效果。

不過當然，人都有各種執著，自己寫出來的總是帶著一點點迷思或是貪念。相比下佛經中則有大智慧，在修煉的層面上，成效和意義都不能相提並論。

4 —— 如何起步

4—00

怎樣才知道自己最適合做什麼？

這是最近常見的疑惑。

似乎在年少時，我們總徘徊於現實與比較之間，當身邊的朋友都（好像）早已找到目標（其實大家都一樣迷失吧），自己卻還在迷惘，或者根本不知道自己喜歡什麼。

社會要求我們都擁有與別不同的氣質，某種特異功能，若別人問你最喜歡做什麼，對什麼充滿熱情？答不出來或是提供一個乏味的答案，總好像很對不起自己一樣。這從小到大都跟著我們的無形壓力，讓每個人都活在不必要的恐懼中。這恐懼包括：我有沒有把自己的人生都浪費掉了？

而其實，面對「我的志願」這種課題，我們是可以沒有答案的。

我第一個所謂的志願是當牙醫（why??）。當時這個想法毫無根據，只是菇爹莫名其妙的慫恿，加上經常要面對auntie uncle們「你大個想做咩啊？」的無聊問題，「牙醫」方便地成為了我12歲時的「理想職業」。有一段時間，真的連自己都被説服了，以為自己真的很想當牙醫。

後來，進入中學時期，在各種科目和日常生活中，慢慢發掘自己其他興趣，目標從牙醫順序轉換成Dancer、平面設計師、廣告Marketing，到最後在不斷尋找後和自我否定後，才發現原來骨子裡最適合當歌手。

但即使自己心裡有了一個大概，還是要從各種跌跌碰碰中，才能真正肯定。這個過程，花了差不多十年的時間。

當中有無數人告訴我，這個夢想太不切實際：「你這樣的個性，不可能在娛樂圈生存的」、「我們不知道怎麼推廣你，會先幫某某推出唱片」、「唱過兒歌的人不可能翻身的」，之類讓人挫敗的説話不絕於耳。

後來靠著一種執著、不放棄，自己學結他、學唱歌、寫歌、把握每一個在眼前的機會，才能真正在許多年後踏上歌手的道路。

對大部分人來說，「熱情」這回事，不可能是從天而降的。那可以怎麼辦？或許可以從最小的事情開始去探索。如果你最喜歡的是「整理」，那就從這裡開始，如果是「泡茶」、「和人溝通」、「發掘新事物」，都一樣。

甚至，只是簡單如：把握眼前的機會，別計較，別害怕走錯路。誰說人生只能往一個方向走？試了，不對，再試吧。你有的是時間。

專注地把事情做好，命運會把你帶到你真正的熱情當中。

CAN'T
AFFORD

如何在工作上贏得別人的尊重？

一名四十歲歌女的轉型筆記。

四十歲才轉型，很多人覺得不可思議，就算曾經有想過的也會因為各種原因卻步。作為正在進行轉型的我，可以告訴你，這絕對可能，但首先，你必須有心理準備：在成功之前，這將會是一場硬仗，而且你必須預備付上你一切的精力和精神。

這幾年我事業上的轉變，大家都大概看得一清二楚，先不花唇舌介紹了，倒是想說說大眾不太能看見的，我正在努力完善的幕後新身份。

從一個事事被照顧、前呼後擁的歌手，轉型成為幕前幕後親力親為的菇喱，並且要同時培養一個能為其他歌手提供製作服務的團隊，當中難度固然預料得到，但沒想過的難題也處處是。

首先，我的「轉型」特殊的地方是，我不是突然跳去做銀行或餐館，是做回自己的老本行，然後換了一個身位而已。現在接觸到的範疇和我以往做的工作，可說是幾乎一樣，但同時又完全不一樣。從幕前轉移到幕後，環境及context相同，但要處理的事情完全是180度改變，以往只須輕鬆吩咐別人處理的，現在要全部自己親自解決；製作過程中的每個細節，包括各個單位的費用與限制、歌手的期望、控制budget的運用、計算排練所需的時間，統統都是花費時間功夫的。

正因在過去20年的幕前工作中，我對這些事物都有一定的認知，業內的人也互相認識甚至有合作過，反而出現一種尷尬並且是最困難的地方，便是這個原來的歌手、藝人身分，很容易令別人質疑我轉型後的專業性，潛意識地認為你也只是「玩玩吓」、「做做樣」而已。

發現大家對我的質疑，有沒有灰心？開始時確實是有點洩氣的，但我告訴自己，與其花時間去為自己感到不甘心，不如想想自己可以怎樣完善自己這個新身份？既然選擇了這個轉變，便要花足功夫去做，甚至比別人再多付出幾倍的努力，令大家慢慢看見我的認真。

我告訴自己，我必須更自律，以前的陋習要盡量改走，要多聽別人善意的批評，再想想可以如何改善。

任何事都要比其他人做得更足，增強自己技術上的知識，要比熟悉更熟悉，在技術層面上花功夫、做功課，令別人信服，不會再誤以為我「只是玩玩下」。

這是可以套用在任何人身上的，如果你覺得你在工作上沒有得到別人的信任和尊重，先不要去怪別人不信你、不尊重你，而是想想，你有什麼可以做得更好？無論是你還沒有把功夫做足，還是別人真的戴有色眼鏡看你，都不重要，責任都在於你還沒有把事情做到別人無法挑剔的程度。你若能什麼事都比別人細心一些、周到一些、專業一些，別人一定會慢慢對你還以一份信任和尊重。

正所謂，「一分耕耘一分收穫」、「要贏人先要贏自己」（笑），統統都說對了，天下沒有不勞而獲，你想開發一片新天空，想在新的環境中得到別人的尊重，就要先付出。

下了的功夫，別人必能看見。無論是正在轉型還是繼續在職場上努力的你，必須謹記。

4—02

別怕「吃虧」

現在這個年代，很多事情都比以前更容易起步。

尤其與各種科技有關的工作，當年需要別人去提供昂貴器材、空間和技術支援的，現今只要有一部電腦，就有各種軟件可以讓你不依靠別人就能輕易起步。

然而，這樣的方便，卻又迅速引發其他的困惑。

身邊有許多二十多歲的年輕人，從事創作工作，從平面設計，到攝影、拍片、音樂等等。眼看很多都在工作了一兩年後，便決定自立門戶，自己出來開公司，接工作。

開始的時候還可以，但過了不久，便會看見他們一個一個遇上創作的瓶頸。

在我看來，這種急進，在其他純技術的行業或許還可以，但在創作行業，是不適用於每一個人的。

創作，無論是音樂還是視覺上的，都是在說故事，這種說故事的技巧，不是在書本上能夠學會的，很多時候，是從經歷，或是人傳人、師傅授予徒弟的，也是因此，歷史上許多偉大的創作工匠，都是被時間歷練打磨出來，又或者，由另一個比自己更有經驗的人去啟發的。

年輕人，在沒有經歷、沒有經驗的情況下，便頻密使用自己的技巧，難怪還沒立下功德，便已江郎才盡。

我認為，聰明的年輕人，大可不必那麼心急，在自己剛剛起步的時候，不如用自己的青春，先換來一些經驗，也未嘗不可。

無論是剛剛起步，還沒有摸清去向，或是已經起步但覺得自己好像有所不足的，都可以試試以下這個方法。

很簡單，找一個你很仰慕的前輩，或是你很認同他們的公司文化的機構，用一個比較低的人工，為他們工作兩三年。在這個期間，除了要把你眼看到的事情學起來，也要學習別人對待成功的態度。

能夠真正成功以及贏得別人認同的人，大多都擁有謙卑和好學的心態。成功的公司，也一定有別的公司沒有的良好習慣和文化。這些，都要統統學起來。

也許相比你自立門戶，酬勞會比較少，感覺上會有點吃虧，但事實上，你是在為你未來的人生和事業作出最良好的準備啊！

不用繳交學費，還能學習這麼多學校都教不到的秘密知識，這根本是你賺到了！

4—03

早上為什麼要鋪床？

「你的生活習慣如何，
你的人生將如何。」

一天由你從床鋪上起來開始啟動，你有把床鋪重新鋪好的習慣嗎？有些人會辯稱，既然晚上又會再睡回去了，那為什麼要多此一舉，把它整理好？

曾經我也是這個「Let It Be」派系的，小時候到大概二十多歲，床上被子睡衣貓們都總是混成一團。反正都會亂，為何要整理？

但自從搬到現在這個家，房間的窗外一大片一望無際的海，對於讓床鋪一團亂糟糟，總是覺得有點不好意思，有點辜負了這個在香港如此難得的好環境。從此，我就慢慢開始養成鋪床的習慣，而且是那種一定要把四邊都拉得緊緊的酒店鋪床法。

最近看到一篇文章，分析了鋪床這回事。

文中説道，每天早上把床鋪整理好，不只是單單為了鋪床這個舉動，而是為了從一起床開始，你就能進入一個為自己負責、並且專注的狀態。

這是一個對自己訂立的紀律，如果連生活上這麼小的事情都隨隨便便、做不好，那又怎能期盼自己在正事上能有好的表現？當然不是説不鋪床人生就會失敗，但要長遠的成功，真的不能單靠運氣和天才，而是必須有從小事而養成的良好紀律。

無論你希望（或是現在已經）從事什麼工作，儘管是天馬行空的創作型，如果你想讓你的工作力更持久，定必要開始照顧好自己的日常。

而每一天的日常，就從一個整潔的床鋪開始。

4—04

起床第一件事

減少重量，也包括清楚腦袋中的重量。

有沒有計算過，每天從工作、家庭、四周環境、手機、報紙、別人口中，自願或被動地塞了多少資訊進腦袋裡？從智能手機出現後，24小時的資訊爆棚，更是讓我們每個人都不再有真正屬於自己的時間。

有位前輩，到今天，2019年，還是堅持不用手機。要找她，必須電郵，然後等候她看到後回覆。如果真的有很緊急的事宜，可以打電話到她的辦公室，但這對許多人來說，是很艱鉅的決定，現代人總是覺得隨便打電話就是一種騷擾，總是包含著不好意思。

基於以上原因，除了預先約好、或是在辦公時間內，否則要在很突發的情況下，或者過了晚上八點，要找到她是近乎不可能的。

很多人會覺得這樣很不方便，但我觀察到的是，她的頭腦總是比任何人都清晰。

在很多人都有許多多餘擔心的時候，她總是能四平八穩，遇到婆婆媽媽的論點，她也是一語道破，並且速戰速決。當然她原裝的聰明才智是最大原因，但以我觀察幾年，得出一個結論：不把多餘的垃圾資訊吸收當作慣常，才是最大的原因。

無可否認，我們擁有了手機後，每天都會花一大段時間來處理不是那麼必要的事務，包括回覆別人的詢問。

專注力減低，是文明世界共同須要面對的退化，而手機通訊系統肯定是最最最大源頭。

有沒有試過，某天起床，下定決心今天要做什麼什麼工作，結果不小心拿起手機，同事A詢問你某件不甚迫切的事，因為「已讀就不能不回」的現代責任心，便把自己本來的計劃延後。然後同事B講完又有朋友C問你一些不能不回答的急事，結果回過神來，已經下午五點多，一天的創作又泡湯了。

以上完全是我一個禮拜至少三四天的寫照。

後來我發現一個方法，但需要無比意志的。

就是，每天早上起床後，盡量忍住不拿起電話，直到所有早上routine包括吃早餐、打坐、唸經、梳洗全部完成後，在離家往公司時，才開始查看累積的訊息。

這樣做，能讓你把一天的步伐用自己的節奏先定下來，不被別人的匆忙和急躁帶走。

手機的四通八達是個兩面刃，懂得在適當時候劃下防線，才是我們現在進入科技3.0時代，最須要學習的。

GQO

4—05

拖延症

我們都會拖延，都會把最重要的事情留到最後1分鐘才做。

尤其是做創作的人，這個情況更加嚴重；沒有人管你的時間，自己便很容易失去了管理自己的能力。環境裡面這麼多容易令人可以偷懶的事情，就算你本身想做A，可能一個短訊來了、或看到了另一些資訊，便瞬間拋棄自己本來要做的事。

除了因為太多令我們分心的事情，也是因為那些真正需要我們去專注的事情，太大了太難了，很難找到動力去開始。無論是做運動、早點睡、開始一個新的項目，總是提不起勁去實行。

社會要求我們成為多功能的人，我們自己也要求自己成為有多重身份的人。在這麼多身份的情況下，自己更加要有紀律。

我近年的方法是，盡量把想做的事情分拆為很多很多小步驟。本來需要五個小時才能完成的大 project，分拆為5678個小部分。

例如，如果我要開始去做運動，不要一下子就想跑馬拉松，先由每日5分鐘開始，可以是簡單如拉筋或做一些肌肉運動。這樣下來由淺入深，感覺沒有那麼困難，就比較容易每天去實行。你若能再堅持三天、一個禮拜、一個月，這件事情就會慢慢變成你的習慣了。

我天生就是超級拖延的人，越是要用腦的工序，就越拖延，無論是寫歌、寫稿、企劃，一律拖。最常見的情況：定了這天八點起身，要創作多少個小時才可以休息，在日記中時間表都寫好了，最後卻不小心開了 Netflix 來看，結果到真正開始時天都快黑了。

解決拖延症的方法，就是跟自己說：「先做這一步吧。沒別的，做這一步就好了。」比方說，你要打掃，就先彎下身去拿吸塵器。

真的就是這麼簡單。

所有事情，最難實現從來就是第一個啟動事情的舉動，因此我們總是落入一種無邊的拖延中。但如果你能說服自己，儘管是在欺騙你的大腦，跟自己說：「只是先做第一步！沒有其他的！」，當你用力去發動整個滾動的第一個 motion，例如彎下腰伸出手，然後把吸塵器拿上手，其實你很大機會就會開始打掃，然後既然開始了，不如就繼續把它完成下去。很少人會在拿起了那件物件、或已經踏出第一步後，立刻丟下放棄的。

繼續同一個 motion，其實比暫停，又重新開始另一個滾動更容易啊。

如果你在面對的，是比吸塵更花腦筋的工作，而你因為逃避而跑了去看電視，那麼，第一個動作，就是拿起遙控，狠心按下「停止」。第二個動作，就是站起來。緊接著，無論多抗拒，都把電腦或工具攤開。此時，你已經推動滾輪往前，大概就不會回到最起點的沙發上。

沒辦法，人的本性就是愛享樂，有惰性。

當然我到今天還是會多少拖延一下，但總算找到一個能有效解決的方案，對於自己最恐懼的工作，總算有個後備的堅持系統。

MARTIN
AESTHETICS

跋——

應無所住，而生其心

有一天，好友麥婉欣發來短訊：「今天下載了一個很好的 app，有個叫《了一法師》的講佛經 app，我聽了幾課《地藏經》，聽到停不下來，太酷了她。」

好奇之下，立刻下載，如獲至寶。

這個時候，我已經養成每天唸誦《金剛經》的習慣，大概有半年了。去台北也特地跑到誠品，買了薄薄一本《萬法唯心造，金剛經筆記》的導讀，對我自我修行的幫助也十分大。

但許多人都説，學經最好的方法，就是口傳，聽罷這個app，終於懂了。

這位了一法師，是香港人，用的是廣東話，格外容易入耳。再加上，她説經的方法生動有趣，不時加插一些自嘲和各種俗語，甚至會跟在場的學員開開玩笑，讓人進入輕鬆的心情，當然就更容易施教。

我先聽《金剛經》，每一課有四五十分鐘，要在忙碌生活裡抽空是不太可能，我就抽空在每天回公司的車程上聽。意外收穫，每天聽完各種人生道理，宇宙奧妙，回到公司有什麼心煩的瑣碎事，都會比較能看開。

後來，我的氣功老師知道我在修《金剛經》，他叮囑我別亂唸，要知經文之義，或懂得何謂箇中精髓，才不會兜了冤枉路。

「『應無所住，而生其心』，這就是《金剛經》的要訣。妳懂這是什麼意思嗎？」老師問。我結結巴巴嘗試解答。

「就是空性啊。」老師答。

空性，英文譯作emptiness。

Empty，空嘛，不就是什麼都沒有啦？一般人（包括本菇在內），也都大概曾經糊裡糊塗地以為此詞語解作：「一切都是虛幻的、假的」，那就不用太認真，遊戲人間就好了，不是嗎？

「錯。空性，不是說什麼都沒有、什麼都不存在，如果這樣想就大錯特錯了，也糟糕了，所有人對所有事情都隨隨便便，胡亂過完一生不就好了？不對啊。空性的意思是，就是，眾事物同時地，既存在也不存在。等於說，你周圍正在發生的，都真的在發生，但事情完成了，就等於過去了、完結了，要把它放下。我們不要「住」在任何一個執著當中，杯子拿起了，水喝過了，就要放下。」

好像有點懂了。

後來再聽了一法師的課，她說：「空性，不是什麼都不存在，而是，在任何一個時間空間裡，什麼事情都有機會發生。」

什麼都有機會發生。對啊，什麼都有機會發生的。

聽罷了這道理，我整個人生觀，變得完全不一樣了。

宿命論，會令我們認為，命運就是，從你出生開始，一切都已經寫好了，要發生的事無法動搖。

我相信前世今生，也相信因果報應，我相信我們生來這個世上，帶著很多過往還沒有學懂的課程，很多既定的「業」，令我們每一個人與生俱來的、能夠擁有的、必須經歷的，都不太一樣。但我也相信，這份從我們出生已經拿在手上的文件，很多人心中的「劇本」，是能改變的。

打開文件，你會發現，其實它根本就不是一份有分場、有對白的「劇本」，而其實是你這部長篇電視劇的「前傳」，許多角色人物，恩怨情仇，已經在上許多回上演過了。這次你不只是演員，更是這個漫長連續劇、這新一季的導演。劇本、演繹、角度，都全由你來決定。你唯一不能控制的，是你以外的所有其他演員，他們會怎麼參演，在什麼時候說什麼，這都是在正式開拍時，你才會臨場發現的。而你能控制的，是你怎麼去帶領你這個角色，從而影響整部戲、下一季的進程，甚至讓整部戲推往大結局。

因此，什麼都有可能，什麼都能改變，因為，你的結局，由你來決定。

同時，它在暗地裡，更是一個有獎遊戲。整部戲的完結，就是你能在無限循環中，能脱離各種我執，培養出能為眾生著想的菩提心。能不為自己可以得到幾多而煩惱，這就是這個遊戲的終極解脱。

有了這種理解，很多過去容易執著的小事，突然變得更無聊及瑣碎了，然後現在回想，會疑惑當時為什麼要花掉那麼多的寶貴時間，在如此不重要的事情上。原來說到底，我們來到這裡，最主要要修的，不是身外的任何一件事，而是自己的靈魂，以及在你有能力的時候，幫助你身邊其他的所有眾生實現他們的修行。

其他一切身外物，畢竟也都是帶不走的身外物。

不想說太多佛理，但這句話，讓我看透和放下了許多不重要的事，將自己的專注力放回真正重要的事情之上。很多爭執、很多不忿、很多爭鬥、很多不安，都是來自我們太介懷自己的成敗，對基本價值和意義都失焦了。許多人不懂我為何能這麼放得開，甚至越來越放得開，其實也都是因為這些年來，人生經驗帶我走上的路，都是讓我不斷從自己錯誤中學習和改進的機會。

在搞好了自己這部分後，這些道理，讓我明白到許多與別人、以至世界並存的方法。從一個空性的領悟，我知道，要能在艱鉅的時代中堅持自己，原來也沒有那麼困難。

「應無所住，而生其心。」

事情會來，也會去。來的時候盡力而為，走的時候也不再留戀。懂了這個，無盡的可能在未來即將為你而展開，並且完全由你創造。

Be water，大概就是這個意思了。

慈悲誓願
Compassion and Vows

當你仍在這裡／何韻詩著 -- 初版 -- 台北市：Hall1C Limited，2020
ISBN：978-988-16882-6-2（平裝）｜240面：13x18.5x1.6公分
1. 流行文學　2. 人生哲學　3. 社會時事
191.9

當你仍在這裡（台灣版）

作者	何韻詩
編輯	鄧小樺
攝影	何韻詩　方迦南　黃米高　余靜萍
校對	方迦南　吳穎芝　殷妮銘
設計	Fundamental、Karman
出版	Hall1C Limited
聯絡地址	台灣新北市永和區永平路160號3樓
網址	www.hall1c.com
電郵	info@hall1c.com
總經銷	時報文化出版企業股份有限公司 桃園市龜山區萬壽路2段351號 (02) 23066842
書籍編碼	Z000127
印刷	勁達印刷廠
定價	新臺幣330元
ISBN	978-988-16882-6-2
初版	2020年1月

版權所有 翻印必究（若有缺頁破損，請寄回更換）

Copyright@2020 by Hall1C Limited
All Rights Reserved. No part of this publication may be reproduced, stored in a retrieval system or transmitted in any form or by any means, electronic or mechanical, including photocopying, recording, or any information storage and retrieval systems, without the written permission of the publisher.